CB078349

EDUARDO FERRARI
VANESSA SELICANI

SEM ELES

Copyright© 2024 by Eduardo Ferrari.
Todos os direitos desta edição são reservados à Literare Books International.

Direção geral: Eduardo Ferrari

Coordenação editorial e edição: Ivana Moreira

Reportagem: Vanessa Selicani e Mariana Rossi

Argumento e pesquisa: Malu Delgado e Norah Lapertosa

Ilustrações: Clovis Stocker

Design de capa, projeto gráfico e diagramação: Gabriel Uchima

Revisão: Margot Cardoso e Paola Sabbag Caputo

Patrocínio: Cemig e Governo de Minas

Parceria editorial: Literare Books International

Realização: EFeditores Conteúdo

Impressão: Printi

Tiragem: 3.000 exemplares

Dados Internacionais de Catalogação na Publicação (CIP)
(Câmara Brasileira do Livro, SP, Brasil)

Ferrari, Eduardo
Sem eles : o luto infantil coletivo de uma pandemia oculta / Eduardo Ferrari ; [ilustrações Clóvis Stocker]. -- São Paulo : Literare Books International, 2024.

ISBN 978-65-5922-993-2

1. COVID-19 - Pandemia 2. Famílias 3. Luto - Aspectos sociais 4. Órfãos I. Stocker, Clóvis. II. Título.

24-233556 CDD-305.23

Índices para catálogo sistemático:

1. Infância : Aspectos sociais : Sociologia 305.23

Eliete Marques da Silva - Bibliotecária - CRB-8/9380

Esta obra é uma coedição EFeditores Conteúdo e Literare Books International.
Todos os direitos reservados. Não é permitida a reprodução total ou parcial desta obra, por quaisquer meios, sem a prévia autorização do autor.

EFeditores Conteúdo LTDA.
Rua Haddock Lobo, 180 | 172 | Cerqueira César
CEP 01414-000 | São Paulo - SP
(11) 3129-7601
www.efeditores.com.br
editores@efeditores.com.br

Literare Books International.
Rua Alameda dos Guatás, 102 | Saúde
CEP 04053-040 | São Paulo - SP
+55 (0**11) 2659-0968
www.literarebooks.com.br
literare@literarebooks.com.br

FSC
www.fsc.org
MISTO
Papel | Apoiando o manejo florestal responsável
FSC® C196274

DEDICATÓRIA

Para Álvaro, Artur, Arthur, Bernardo, Breno, Camila, Carolina, Clarice, Eduardo, Enzo, Ester, Giovana, Gabriel, Gabrieli, Júlia, Luísa, Maria Luiza, Maria Alice, Maria Cecília, Nathacha, Nicolas, Sophia, Valentina e Vítor.

Em memória dos mais de 700 mil brasileiros que perderam suas vidas durante a pandemia da Covid-19, entre os quais estão pais e mães das crianças e dos adolescentes citados nesta obra.

AGRADECIMENTOS

A todos os entrevistados para a produção deste livro, adultos e crianças que, apesar da dor, se dispuseram a revisitar suas histórias de perda.

PREFÁCIO: PARA ENTENDER, ACOLHER E AGIR

Por Iara Mastine*

O impacto da pandemia de Covid-19 no mundo foi significativo para toda a população. Em meio a crise, observamos famílias se desfazendo devido aos números de divórcios, às famílias em luto, às dificuldades socioemocionais em consequência da privação de contato, entre outros muitos desafios. Como tantas outras crises, as crianças foram as mais afetadas, ainda que muitas vezes invisibilizadas. *Sem eles* é uma obra que nos convida a refletir sobre as sequelas psicológicas, emocionais e sociais deixadas por esta catástrofe, especialmente nas vidas dos órfãos, que, abruptamente, perderam pais, mães e cuidadores.

Ao olhar para essas histórias, narradas com uma sensibilidade tocante por Eduardo Ferrari e sua equipe, é impossível não pensar nos efeitos neuropsicológicos da perda. A morte de um cuidador, especialmente em idades tão precoces, provoca uma ruptura nos vínculos de apego, que são fundamentais para o desenvolvimento emocional e cognitivo de uma criança. A orfandade precoce traz à tona desafios que não se limitam ao luto, mas se estendem à formação da identidade, à sensação de segurança e pertencimento, e à capacidade de estabelecer laços de confiança ao longo da vida.

Neste livro, percebemos como a ausência de uma política pública eficaz para amparar essas crianças expôs e agravou vulnerabilidades já existentes. A solidão, a tristeza e a sensação de abandono muitas vezes silenciam diante das necessidades práticas que a vida impõe, como a adaptação a novos lares, a convivência com parentes distantes e a luta pela subsistência. No entanto, *Sem eles* não se limita a descrever a dor; ele oferece um espaço para que as vozes dessas crianças e de seus cuidadores sejam ouvidas, lembrando-nos da resiliência e da capacidade humana de seguir em frente, mesmo nas circunstâncias mais adversas.

Dar voz a essas famílias é um ato terapêutico e acolhedor. Poder dividir sua dor e se sentir ouvido pode acalentar e fortalecer essa difícil jornada.

Estudos mostram que a perda de um cuidador principal na infância pode resultar em um aumento significativo de transtornos mentais, como ansiedade, depressão e Transtorno de Estresse Pós-Traumático (TEPT). A orfandade também pode estar associada a dificuldades acadêmicas e problemas comportamentais, à medida que essas crianças lutam para encontrar um novo sentido em um mundo que, de repente, se tornou hostil e desconhecido. Como psicóloga e neuropsicóloga infantojuvenil, é impossível não se emocionar a este livro repleto de emoções.

Sem eles nos confronta com uma realidade brutal, mas também nos oferece a oportunidade de refletir sobre o papel da sociedade e do Estado na proteção das crianças em momentos de crise. Mais do que nunca, é necessário que psicólogos, educadores e profissionais da saúde mental estejam preparados para acolher e amparar esses jovens, ajudando-os a elaborar seu luto e reconstruir sua trajetória de vida.

Esta obra é um testemunho de um período sombrio da nossa história, mas também um alerta: o impacto psicológico da pandemia ainda está se desenrolando, e as marcas emocionais deixadas em nossas crianças exigirão cuidado e atenção por muitos anos. Que possamos aprender com essas histórias e agir de maneira mais eficaz, criando redes de apoio que permitam a essas crianças crescerem com a dignidade e o amor que merecem, apesar de tudo que perderam. *Sem eles* é uma leitura essencial para quem deseja entender, acolher e atuar na construção de uma sociedade mais empática e solidária.

***Iara Mastine** é uma psicóloga e neuropsicóloga conhecida por seu trabalho no campo da saúde mental, especialmente no que diz respeito ao desenvolvimento infantil, processos cognitivos e impactos emocionais de traumas. Ela é frequentemente citada por suas abordagens clínicas focadas em reabilitação neuropsicológica, avaliação diagnóstica e intervenções terapêuticas voltadas para crianças, adolescentes e adultos que enfrentam dificuldades cognitivas e emocionais. É autora de vários livros e de baralhos de jogos de recursos terapêuticos voltados para adultos e crianças.

INTRODUÇÃO: CRESCENDO SEM ELES

Cinco anos depois, ainda dói. E vai doer para sempre.

Cerca de 20 milhões de pessoas morreram, no mundo inteiro, durante a pandemia de Covid-19 (entre dezembro de 2019 e maio de 2023). No Brasil, foram mais de 700 mil mortos.

Enquanto as reportagens sobre a tragédia iam desaparecendo do noticiário, as histórias por trás dessas estatísticas iam sendo esquecidas. Como se as feridas abertas em cada família tivessem parado de sangrar depois que o vírus foi controlado.

Entre os brasileiros silenciados pelo vírus estavam centenas de pais, mães, avós, avôs, tios e irmãos responsáveis pela educação e cuidados de crianças e adolescentes.

São crianças e adolescentes que estão crescendo "sem eles".

Crianças e adolescentes que se tornarão adultos "sem eles".

O coronavírus deixou um vazio em cerca de 200 mil crianças no país. O "luto infantil coletivo" no Brasil só não foi maior do que no México, onde um número ainda maior de crianças e adolescentes se tornaram órfãos por causa da Covid-19.

Ao dar voz a essas vítimas da tragédia que foram um tanto negligenciadas, o livro *Sem eles* quer honrar pais que perderam suas vidas de maneira tão trágica, acolher filhos que estão crescendo com um vazio no peito, homenagear amigos e familiares que lutam para fazer a vida seguir em frente da melhor forma possível e, principalmente, lembrar a todos nós que ainda há uma dívida social para ser quitada.

Milhares de crianças e adolescentes espalhados pelo Brasil ainda precisam de apoio para superar as perdas da maior tragédia sanitária da história do Brasil.

Eduardo Ferrari

NOTA DOS AUTORES

O desenho de uma criança diz muito sobre o que se passa dentro dela, sobre suas emoções e sentimentos mais complexos. Durante a produção deste livro, convidamos as crianças entrevistadas a desenharem suas histórias. O plano era ilustrar os capítulos com desenhos dos próprios órfãos.

Mas o que descobrimos é que nem todos estão prontos para aceitar esse convite.

Ainda é difícil falar sobre as perdas. E ainda é difícil desenhar. Em respeito às crianças e aos adolescentes, desistimos do plano e convidamos o artista plástico Clovis Stocker para ilustrar a obra.

"Difícil explicar em palavras a emoção que eu senti ao ler cada uma das histórias", conta o artista. Ilustrador de diversos livros infantojuvenis, ele tomou cuidado para que cada desenho fosse uma tradução fiel da história de cada família. "Espero que as famílias e os leitores sintam cada desenho como uma homenagem."

SUMÁRIO

CAPÍTULO

1

A HISTÓRIA DA "PANDEMIA OCULTA"

Mais de 700 mil novas estrelinhas chegaram aos céus do Brasil entre março de 2020 e maio de 2023.

Pode parecer um eufemismo cruel para a tragédia vivenciada por tanta gente durante a pandemia de Covid-19, mas a analogia das estrelas é a mais utilizada por quem tenta dar conforto para as crianças na hora de explicar a morte: aquela pessoa querida virou uma estrela, não pode mais voltar e olhará por todos nós lá de cima, sempre muito brilhante.

Faltaram palavras mesmo para a mais lúdica das famílias durante a pandemia.

Como viver a infância em um tempo em que uma doença se espalha pelo ar matando milhares de pessoas e leva ao isolamento tantas outras? Onde beijos, abraços e brincadeiras, tão necessários para a formação das crianças, são sinais de perigo? Máscaras, álcool gel e vírus entraram para o vocabulário diário dos pequenos.

Os impactos psicológicos de tudo isso ainda são difíceis de medir, anos após as ondas avassaladoras da doença. Apesar de não terem sido a faixa etária mais afetada pela doença, muitas crianças e adolescentes passaram por uma "pandemia oculta", como chamaram pesquisadores ingleses da universidade Imperial College: a da perda de pais, mães e outros cuidadores diretos.

A velocidade com que a doença agia em casos graves que evoluíram para morte deu pouco ou nenhum tempo para que os órfãos pudessem receber amparo psicológico. Soma-se a isso o fato de que as despedidas exigiram caixões lacrados e ausência de velório.

Para muitas famílias entrevistadas neste livro, o fato de terem sido impedidas de realizar as cerimônias de despedida da pessoa querida deixou a sensação confusa de que ela poderia voltar em algum momento. É o peso do adeus que não pôde ser dado.

Além do impacto psicológico de perder o pai ou a mãe e das implicações financeiras para o resto da família, existem desdobramentos também para o coletivo de forma geral.

“As crianças que perdem os cuidadores principais correm maiores riscos de sofrer problemas de saúde mental; violência física, emocional e sexual; e pobreza familiar. Estas

Para muitas famílias entrevistadas neste livro, o fato de terem sido impedidas de realizar as cerimônias de despedida da pessoa querida deixou a sensação confusa de que ela poderia voltar em algum momento. É o peso do adeus que não pôde ser dado.

experiências adversas aumentam os riscos de suicídio, gravidez na adolescência, doenças infecciosas e doenças crônicas", explicam os pesquisadores da Imperial College, em estudo sobre o tema publicado na revista científica *The Lancet* em julho de 2021.

O coronavírus foi responsável por tirar quase 20 milhões de vidas em todo o mundo desde os primeiros alertas sobre casos na China, em dezembro de 2019, segundo a OMS (Organização Mundial de Saúde). Foram 707 mil mortes apenas no Brasil, onde a doença começou a se alastrar em março de 2020. Os dados brasileiros se referem ao período até outubro de 2023, em levantamento do Ministério da Saúde, que continua disponível para consulta em seu site oficial.

A OMS decretou o fim da Emergência Pública de Saúde para a doença em maio de 2023. Mas, para milhares de impactados com a ausência de uma pessoa querida, a pandemia é um tema que se arrastará por toda uma vida.

O coronavírus representou o fim de uma família e o início de outra vida marcada por vazios para cerca de 200 mil crianças no Brasil. Os dados sobre o tamanho dessa tragédia, que colocou milhares delas em situação de orfandade, não são exatos. Segundo as instituições que acompanham os casos, faltou vontade política na apuração real do tamanho da orfandade causada pela Covid-19 por parte do governo brasileiro.

O primeiro estudo a jogar luz sobre a orfandade precoce gerada pelo coronavírus foi realizado pelo Imperial College London, universidade do Reino Unido que liderou o acompanhamento de casos no mundo inteiro sobre morte de pais, mães e até de

O coronavírus representou
o fim de uma família e
o início de outra vida marcada
por vazios para cerca de
200 mil crianças no Brasil.

avós responsáveis pela criação de jovens com menos de 18 anos. Em julho de 2021, os primeiros dados divulgados do estudo já indicavam a existência de 1,5 milhão de crianças e adolescentes em orfandade no mundo, sendo 130 mil delas no Brasil.

A universidade manteve até dezembro de 2022 uma espécie de calculadora com projeções para esses números nos países analisados. Naquela época, os dados para o Brasil indicavam 182,2 mil órfãos da Covid-19. Cerca de 200 mil órfãos da Covid-19 no Brasil é uma estimativa com base nos números da Imperial College, os mais abrangentes sobre o tema que chegaram a ser divulgados.

De alguma forma, todos que passamos anos sob ameaça da doença somos sobreviventes. As sequelas emocionais de tantas mortes e isolamento são inevitáveis. Mas, para algumas pessoas, existem consequências para toda a vida. São elas, principalmente, as vítimas que tiveram sequelas de saúde após adquirir a doença e os parentes e amigos que perderam uma pessoa querida. Entre aqueles que enfrentaram o luto, estão crianças e adolescentes sem pai, mãe ou cuidadores.

"O tema da orfandade é o que nos tem de mais caro, um consenso entre os associados", diz Paola Falceta, fundadora e presidente da Avico (Associação de Vítimas e Familiares de Vítimas da Covid-19). "Fundei a Avico pensando principalmente no que seria dessas crianças e adolescentes que ficaram sem os cuidadores. Eu também fiquei órfã na pandemia, mas, como adulta, tinha as condições para entender e me manter sozinha. E as crianças?"

Integrante da associação Coalizão Nacional Orfandade e Direitos, Milton Santos lembra que o Brasil não conviveu com fenômenos de alto número de crianças desassistidas, como ocorre em países que passam por guerras, por exemplo. "A questão da orfandade chama a atenção no país quando há a sobrecarga das famílias. As queixas chegam com casos de adolescentes com problemas sérios de comportamento, crianças com muitas doenças, mulheres com depressão, homens abusando de álcool. Quando vai investigar, o que tem por trás dessas histórias? A morte de um cuidador de Covid-19."

As histórias que você lerá nas próximas páginas são de personagens anônimos que foram atingidos pelo vírus e, de certo modo, negligenciados pelos governos e pela sociedade. Elas dão rostos à realidade vivida por famílias interrompidas pela Covid-19 e que ainda lutam para se reestruturar social, financeira e emocionalmente. E formam um mosaico de histórias de várias partes do Brasil com diversas particularidades.

São crianças que ficaram sem os dois pais, filhos que viram a mãe morrer e acabaram desamparados pelo pai, mães que morreram pouco tempo depois de dar à luz, adolescentes desamparados e muitos, mas muitos avós e tios que se reinventaram para dar novo sentido à palavra família.

As entrevistas foram realizadas no fim de 2023. As famílias foram localizadas a partir de matérias jornalísticas e com a ajuda das associações Avico, Mães que Acolhem e Coalizão Nacional Orfandade e Direitos. Quem dá voz às histórias são os novos cuidadores, para preservar as crianças.

Embora seja doloroso relembrar momentos que foram tão difíceis, as famílias que aceitaram contribuir para esta obra sabem que a história da "pandemia oculta" não pode ser esquecida. Elas querem – e merecem – ser ouvidas.

CAPÍTULO 2

O PAI EM UM DIA E A MÃE, NO OUTRO

A Ester é alegre, gosta de quebra-cabeça, brincar de corre cotia, pega-pega. Fica ansiosa quando alguém diz "Vamos pra praia?". Adora se aventurar na cozinha para fazer bolos e doces. Ela tem 9 anos e logo, logo vai entrar na adolescência. O relógio biológico deu uma corrida maior que o corpo e a menina tem visitado o médico para tentar frear esse processo.

Uma garota cheia de sonhos e vontades como muitas outras de sua idade. Mas sua história é marcada por uma grande tragédia que deixa marcas todos os dias. Quando ela tinha apenas

6 anos, seu pai, Advommir Teles da Costa, 43 anos, e sua mãe, Elizandra Márcia Benedykt Costa, 44, morreram com uma diferença de um dia. Saíram de casa reclamando de tosse e cansaço para uma visita ao pronto-socorro e nunca mais voltaram. Era Covid-19.

Como é que se fala para uma menina de 6 anos que ela não tem mais nem pai, nem mãe? Estelinha foi o presente mais desejado na vida dos papais. Foram 14 anos de espera para esse encontro de uma vida inteira. Seis anos vividos juntinhos com muita intensidade, amor e carinho.

Era fim de março de 2021 e o país passava pelo maior pico de mortes de sua história moderna. No dia 29 de março, alcançamos a triste marca de 3.541 óbitos em 24 horas, número que em tempos fora da pandemia correspondia ao total de 30 dias. Abril, mês

Como é que se fala
para uma menina
de 6 anos que ela não
tem mais nem pai,
nem mãe?

em que a Ester perdeu seus pais, foi o mais mortal, com 82.266 famílias chorando suas pessoas queridas.

Desde que seu filho morreu nessa tragédia, a dona Marlene, 69 anos, precisou reaprender também a ser mãe. Além do Advommir, ela tem outros dois filhos, a mais nova com 36 anos. Em 9 de abril de 2021, ela perdeu um filho e ganhou uma filha. Desde então, a neta passou a ser criada por ela e o marido de 89 anos:

— Eu fiquei bem perdida. Não lembrava mais como cuidar de uma filha de apenas 6 anos. Tive de reaprender. Muitas vezes, recorri à terapia para lidar melhor com a situação. As responsabilidades mudaram muito. Quando tudo isso aconteceu, eu morava na praia, levava uma vida mais tranquila, com passeios e caminhadas. A ficha demorou para cair, mas hoje a Estelinha é quem me dá conforto todos os dias.

Desde a internação do filho, em 20 de março, a Marlene deixou sua residência no litoral paranaense para ficar com a família de Estelinha. Foi a neta quem pediu para que eles continuassem na casa de Curitiba, mesmo após a morte dos pais. Entendia que era ali o seu lugar, com todas as lembranças do que era a sua família. Na companhia ainda do cachorro que sempre esteve ao lado dos três.

A menina teve semanas bastante ruins logo após as mortes. Chorava muito e contava ter sonhos com os pais vindo buscá-la. Foi a religião que acalmou o coração de Estelinha.

Quando flagra a avó chorando de saudades, tenta confortá-la lembrando que um dia todos estarão juntos novamente. Que Deus não queria que seus pais sofressem e por isso tiveram de partir:

— Os pais dela eram evangélicos. Então ela crê na vida eterna, na salvação. Diz sempre que ainda vai morar com o papai e a mamãe.

Dona Marlene lembra da nora orando muito para a volta do marido. Ela tinha muita fé que ele ficaria bom e voltaria para casa. Sonhava com esse momento muitas vezes. A Elizandra nunca ficou sabendo da morte do parceiro, nem ele sobre a partida dela. Dias antes do marido não resistir ao tratamento e intubação, ela achou melhor procurar o hospital por conta da tosse insistente e do cansaço.

Eliz, como era chamada carinhosamente, havia feito testes de farmácia para saber se também estava com a Covid-19 quando o marido foi internado, mas o resultado deu negativo. Dessa vez, com a saúde bem mais debilitada, a doença foi confirmada. A mulher foi internada na quarta-feira e sofreu uma parada cardíaca na quinta, quando foi intubada. Advommir morreu na sexta-feira de madrugada. Eliz, na tarde do dia seguinte.

A notícia partiu os corações de familiares e da comunidade evangélica da Primeira Igreja Batista de Curitiba, local que os dois frequentavam.

"Que tempos são esses? Que doença maldita é essa? Ainda não acredito que vocês dois morreram com um dia de diferença um do outro", escreveu uma amiga nas redes sociais.

A família ainda não tinha comunicado para a Ester sobre a morte do pai quando a mãe também acabou falecendo. A notícia da partida dos dois foi dada com a ajuda da igreja. O único pedido da garota, após muitas lágrimas, foi ver os pais mais uma vez.

Esse adeus que Estelinha tanto ansiava, porém, também foi silenciado pela Covid-19.

Naquele momento, Advommir já havia sido enterrado, em uma cerimônia de uma hora e meia com apenas a janela de vidro no caixão. A filha pode ir apenas ao velório da mãe. Mas também não conseguiu realizar o desejo de vê-la mais uma vez. Pelo pouco tempo entre internação e morte, apenas cinco dias, o velório durou só meia hora e o caixão precisou ser lacrado.

A avó Marlene conta ter passado por muitos momentos de revolta desde a perda do filho e da nora:

— A gente sempre acha que são os filhos quem vão enterrar os pais, não o contrário. Não estava preparada para isso. Nunca pensei que algo dessa forma poderia acontecer na minha família. Ficamos muito abalados e nos perguntando o porquê. Já fiz muitas indagações sobre essa situação tão triste. A gente sabe que a perda é irreparável, uma

— A gente sempre acha que são os filhos quem vão enterrar os pais, não o contrário. Não estava preparada para isso. Nunca pensei que algo dessa forma poderia acontecer na minha família.

situação irreversível, mas a dor da saudade não tem cura. Ela é muito triste e vai durar para sempre. Hoje já estou mais conformada. Sou grata a Deus por ter dado meu filho, com quem pude conviver por mais de 40 anos. Grata pela minha nora e pela Estelinha, que é meu presente, minha estrelinha.

Quando a saudade aperta ou o sono teima em não vir, ela recorre aos vídeos e fotos com recordações dos dois para alimentar a alma. E fica por horas relembrando os momentos bons que passaram juntos.

A família ficou surpresa com a infecção do casal pela Covid-19 desde o início, já que eram extremamente cuidadosos com as questões de isolamento social e uso de máscaras. Até porque os dois tinham fatores de risco para a doença. Ele tratava problemas respiratórios e ela era obesa.

Após as mortes, Marlene conta que foi um pedido da própria neta que ela passasse a ser criada pelos avós paternos:

— Nós sempre estivemos muito presente na vida deles. Corríamos para cá sempre que precisavam de ajuda com a Ester. Então foi mais fácil para ela optar por ficar com a gente.

A tia Dharlene também vive com os três e auxilia a mãe a cuidar da menina. É ela quem leva para passeios, sai para comprar as coisas que precisam e ajuda em muitas questões da escola.

Agora no papel de mãe da Ester, a Marlene cuida para que a pequena faça cursos de reforço para a escola, natação, academia, passe por médicos para verificar problemas de respiração, ansiedade, desenvolvimento biológico acelerado. Quer que a garota cresça com os mesmos valores que seus filhos:

— Sou a mãe da Ester. Sempre chamo ela de filha. Outro dia ela perguntou se podia também me chamar de mãe, já que sabia que eu ia sempre cuidar dela a partir de agora. Quero criar a Estelinha como criei meus filhos: com respeito, educação. Os estudos sempre vão estar em primeiro lugar. Essa é a maior herança que os pais podem deixar.

Ela precisou deixar a avó Marlene um pouco de lado para ser exigente quando necessário, cuidar de rotinas e dar disciplina. Tem que policiar o marido para ser um pouco menos avô na hora de dar doces e refrigerante para a pequena. O parceiro gosta de contar piadas e divertir a Estelinha, que já chama ele também de pai.

Os dois aposentados esquecem a idade e mostram ter fôlego para brincar com a filha mais nova o dia todo, se necessário.

Escutam ela ler livros, jogam quebra-cabeça, estão juntos em todas as brincadeiras que ela demanda como criança.

O primeiro aniversário da Ester sem os pais, em dezembro de 2021, foi marcado pela união dos amigos da igreja para conseguir fazer uma festa. Era uma forma de trazer um pouco de alegria para a menina:

— Foi uma comemoração muito especial. Não vou dizer que foi feliz, porque o luto ainda era muito presente, mas foi importante para ela.

A pequena segue iluminando seu redor. Dia desses, descobriu que a professora da escola também havia perdido o pai para a pandemia. E logo se colocou a consolar a mulher quando viu lágrimas em seus olhos. Apesar de todo o sofrimento, ela sabe que um dia estarão todos juntos novamente.

CAPÍTULO 3

A HISTÓRIA POR TRÁS DA MANCHETE DOS PORTAIS

Uma mulher negra, cacheada e linda. Responsável e muito inteligente, era professora de inglês. Engajada com a questão da negritude, Cleane trazia muito essa questão em si e sempre conversava sobre o assunto com outras mulheres negras. Era uma ativista, não de linha de frente, mas ficava mais atrás, fazendo um trabalho de inteligência. É assim que Vítor e a família dele lembram da mãe, Cleane Cavalcante Gomes.

Quando engravidou de Vítor, o pai biológico do menino, companheiro há anos de Cleane, disse para ela escolher entre a gravidez e o relacionamento deles. Forte e decidida, você já deve imaginar o que ela escolheu.

Mãe solo, Cleane vivia com o único filho em uma casa no mesmo terreno da moradia de sua mãe, Maria Vilani Cavalcante Gomes, no Grajaú, zona sul de São Paulo. Foi nesse bairro paulistano que Maria se instalou após deixar o nordeste, em 1975. Professora, escritora e ativista cultural, ela é uma das fundadoras do Centro de Arte e Promoção Social do Grajaú, que fomenta atividades culturais, artísticas e de pesquisa na periferia.

Desde cedo, ela sempre estimulou a arte nos filhos: Clayton, Kleber, Maria Aparecida, Cleane e Cleon Júnior. Mas o filho mais famoso da família é Kleber, que adotou o nome artístico de Criolo, um dos rappers mais importantes da música de São Paulo.

Foi, aliás, a partir do nome de Criolo que a morte de Cleane foi divulgada pela grande imprensa. "Cleane Gomes, irmã do cantor Criolo, morreu aos 39 anos vítima da Covid-19", anunciou o portal de notícias *G1*. "Irmã do rapper Criolo morreu aos 39 anos por complicações da Covid-19", foi a manchete do *R7 Entretenimento*. "Irmã mais nova do cantor Criolo morre de Covid-19", escreveu o *Jornal*

Extra. Acontece que, além de irmã do Criolo, e de filha de Maria Vilani, Cleane também era – e ainda é – a mãe do Vítor.

Antes do falecimento da mãe, em 2021, Vítor era um adolescente de 13 para 14 anos. Era doce e extremamente responsável – bem como sua mãe. Nas palavras de sua avó Maria, era amoroso e muito simples, desprovido de qualquer vaidade com roupas, tênis e outras coisas mais. Hoje, com 16 anos, ele continua o Vítor de sempre, tirando alguns momentos em que a avó percebe a falta que ele sente da mãe. Na verdade, a perda foi muito rápida. "Esse processo é incrível. A gente não tem noção de como ele aconteceu, porque a família tomava todos os cuidados", conta Maria.

Um dia, Cleane percebeu que Vítor estava resfriado. Por via das dúvidas, foi na farmácia fazer um teste. O resultado? Vítor, Cleane, Maria e seu marido, todos da casa, estavam com a Covid-19. Em maio de 2021, Maria e o companheiro, ambos na faixa dos 70 anos, já tinham tomado duas doses da vacina. Cleane e Vítor, não.

Disponível no mundo desde dezembro de 2020, a vacinação em massa se espalhou rapidamente pelos países. Em 16 de janeiro de 2021, 56 deles já tinham começado a imunizar suas populações. No Brasil, esse processo começou mais tarde. Em 17 de janeiro, a primeira vacina foi aplicada no território nacional. Poucas horas depois da aprovação de uso emergencial da CoronaVac e da AstraZeneca pela Anvisa (Agência Nacional de Vigilância Sanitária), a enfermeira Mônica Calazans foi vacinada em evento no Hospital das Clínicas.

A partir daí, São Paulo começou a vacinar profissionais de saúde, indígenas e quilombolas. Depois, a vacinação seguiu pelos mais velhos, progredindo de forma lenta às outras faixas etárias. Apenas em 10 de agosto, sete meses após o início do processo, o imunizante foi liberado na capital paulista para todas as pessoas maiores de 18 anos.

Era tarde demais para muitos brasileiros, inclusive para Cleane. Com sintomas, ela foi para o hospital. O médico disse que estava tudo bem e mandou que voltasse para casa.

De madrugada, Cleane teve febre, que não cedia. Quando amanheceu, Maria levou a filha novamente para o hospital. Desta vez, ela já foi direto para a UTI. Foram oito dias, tudo muito rápido. “Eu ia todos os dias vê-la na UTI no horário de visita. Tinha sempre um horário certo. Até que um dia ela estava entubada. E, mesmo assim, continuei indo visitar. Ela não me via, mas sentia. A gente sabe que sente”.

Cleane faleceu no dia 5 de junho de 2021, aos 38 anos, quase 39. O luto de Vítor foi muito difícil, mas a família Vilani não esconde nada de ninguém. De uma certa forma, eles já vinham preparando Vítor para o pior desde o momento em que sua mãe foi internada. Quando ela faleceu, Maria conversou com o neto, depois foi a vez dos tios falarem. Todos apoiaram ele. “Mas é criança, né? No momento, entende, mas depois... Eu acredito que foi muito sofrido para ele, embora ele não quisesse demonstrar. Apesar da pouca idade, ele tem muita maturidade. Sempre teve, mesmo quando era criança. E ele sempre quis me poupar, por isso não demonstrava muito", diz Maria.

Vítor trabalhou bem o luto. A família providenciou uma psicóloga, que ele ia uma vez por semana. Mas não vai mais. Não quer. Agora, aos 16 anos e no primeiro ano do ensino médio, é um menino tranquilo, que não dá trabalho. "O trabalho que ele dá é de preocupação que a gente tem com ele." Maria cuidava de Vítor desde sempre, mesmo quando o menino estava na barriga da Cleane. Além das dificuldades de ser mãe solo, a jovem trabalhava fora e tinha dois empregos, para que nunca nada faltasse para o filho. Maria, que acabou se aposentando, se aproximou ainda mais do neto.

Financeiramente, Vítor ficou amparado. Cleane deixou uma pensão para o filho, que chegou um ano depois da morte. Nesse período, a família se esforçou para manter o mesmo padrão de vida que a mãe dava ao menino, com escola particular e plano de saúde. Como é menor de idade, a avó administra seu dinheiro. Tudo que ela faz pelo neto, ele vem agradecer:

— Oh, vozinha...

Mas ela faz de um jeito para que ele se sinta empoderado, para entender que é ele que tem:

— Não, meu filho - Maria responde — É seu dinheiro. Sua mãe que deixou para você.

Apoio, Vítor também encontrou na escola. Ele e a avó mudaram de casa depois que a mãe faleceu. Vítor continuou na mesma rede, a Rede Decisão, mas agora na unidade da Saúde.

Na escola nova, todos sabiam da perda recente que Vítor tinha passado e houve um acolhimento, por meio de conversas, dos professores entenderem quando ele não conseguia fazer as atividades, dando um prazo maior, além de um cuidado e um carinho muito grande com ele, mesmo por parte dos alunos. "Os professores, coordenadores e a diretora da escola, eles me ajudaram muito. Foi um trabalho muito humano que eles fizeram com os órfãos da Covid-19. Afinal, havia mais, não era só o Vítor. Inclusive, na formatura de nono ano dele, eu fiz uma carta elogio à ouvidoria agradecendo tudo que eles fizeram pelo meu neto. Porque o meu neto entrou na escola, embora ele fizesse um esforço muito grande para não demonstrar, mas eu sei que ele entrou ali arrasado".

Mas Vítor é uma exceção. Estudo do Ipec (Inteligência em Pesquisa e Consultoria Estratégica) realizado para o Unicef (Fundo das

Nações Unidas para a Infância) em setembro de 2022 apontou que, naquela data, 2 milhões de crianças de 11 a 19 anos, que não haviam terminado a educação básica, deixaram de frequentar a escola no país. O atraso no aprendizado e a evasão escolar alta durante a pandemia são problemas que devem continuar a ter reflexos nos próximos anos, principalmente quando chegar a hora desses jovens entrarem no mercado de trabalho.

Além da parte financeira e da educacional, a família também amparou Vítor de todas as maneiras que puderam. Tios e primos são presentes na vida do menino e, mesmo em dia de semana, assim que pinta uma folguinha, eles levam Vítor para passear e se distrair. No meio da elaboração do luto na família, Cleane virou até letra de música na voz do irmão:

"As mães, jovens, as filhas
(Nascer pra ser feliz, não só pegar barriga)
Mãe solteira, obesa, de periferia,
Professora de escola pública, o alvo do dia
Filha de um preto com uma nordestina
(O que pra vocês é vitimismo,
pra nós, é nossa vida)
Abandono e o descaso são
temperos deste coração
Eu prometi que ia ser rico
e cuidar dos meus irmãos
Cuidar da minha irmã, agora só em prece
Ela não tá mais aqui,
é que esse mundo não te merece."
"Pequenina", *Sobre Viver*, Criolo (2022)

Apesar de todo o amparo, a falta que a mãe faz é dolorosa. "A gente só tem uma mãe. E para o Vítor, é uma carga muito grande, porque ele já não tinha pai", lamenta Maria.

O menino sempre fala da mãe. Às vezes, quando vai fazer alguma coisa, diz:

— Não, mas minha mãe me ensinou assim. Minha mãe disse isso. Ela era professora.

Outro dia, ele surpreendeu sua avó. Os Vilani têm uma relação íntima com a morte, a fim de entendê-la racionalmente. Afinal, é um processo natural, assim como nascer. Falando sobre o medo da morte, Vítor disse:

— Eu não tenho medo de morrer, porque parte de mim morreu com a minha mãe.

A avó se emociona:

— 16 anos e é um herói. Lutando agora, porque ele é um herói. Não à toa, Vítor gosta de artes marciais. Hoje ele tem duas aspirações na vida: ser lutador ou ser político.

Apesar de todo o amparo, a falta que a mãe faz é dolorosa. "A gente só tem uma mãe. E para o Vítor, é uma carga muito grande, porque ele já não tinha pai", lamenta Maria.

De acordo com levantamento da Fiocruz (Fundação Oswaldo Cruz), nos dois primeiros anos de pandemia, 40,8 mil crianças e adolescentes perderam suas mães para a Covid-19 no Brasil. E isso, se considerar apenas os filhos. Mas, na verdade, esse número é muito maior:

De certa forma, uma pessoa na família que vai embora assim, de um jeito tão abrupto, deixa muita gente órfã. Era a Cleane quem acolhia meus netos, filhos da minha filha adotiva, assim como uma segunda mãe. A morte dela causou um prejuízo muito grande nesses sobrinhos – revela Maria.

Uma dessas netas começou a fazer cortes nos braços. Outro dia, Maria a levou ao Habib's, mas a menina não conseguia comer, só chorar, porque a tia costumava levar ela lá. "A minha neta não tem mais vida. Está muito infeliz. O que fizeram com a gente na pandemia foi uma negligência muito grande, porque eles adiaram a chegada da vacina".

Em 45 dias, Maria perdeu três pessoas: o sobrinho, um irmão e a filha. "Quem perdeu seus entes queridos na pandemia nunca vai sair dela. A pandemia nunca vai acabar, porque foi muito doloroso. Primeiro, a gente se isola e, mesmo assim, a gente perde. E então vem o sentimento de culpa: 'o que foi que eu fiz errado?'", desabafa.

Para Maria, o que mata na pandemia, vai além do vírus, é também o descaso com o menor. "Na Constituição, a criança é um dever do Estado e da família. E por que quando fica órfão entrega para família? Por que o Estado não se move? É muito doloroso quando eu vejo as marcas nos braços da minha neta. Como diz a música da Pequenina, abandono e descaso são temperos deste coração".

"Quem perdeu seus entes queridos na pandemia nunca vai sair dela. A pandemia nunca vai acabar, porque foi muito doloroso. Primeiro, a gente se isola e, mesmo assim, a gente perde. E então vem o sentimento de culpa: 'o que foi que eu fiz errado?'", desabafa.

Família são laços, ou melhor, são correntes. Um elo precisa do outro para se manter forte; família é uma corrente forte que nos liga ao sucesso e ao melhor caminho, a corrente que nos impede de ir para o caminho errado, e, na minha família, não há elos fracos.

CAPÍTULO

4

QUATRO ÓRFÃOS NA AGONIA DE MANAUS

Entre tanta gente que sofreu a perda de avós, amigos, mãe, pai ou outros entes queridos para a Covid-19, nem mesmo os pequenos, aqueles que tinham poucos meses de vida, foram poupados da dor. Algumas crianças não conseguem lembrar do cheiro da mãe, do conforto de ter um colo para chorar e nem mesmo têm uma memória para contar. Essa é a história de Gabriel e da Sophia, filhos da Mariza Candida Pires Lima, morta pela Covid-19.

Em fevereiro de 2020, quando a doença ainda não tinha chegado ao Brasil e nem era uma grande preocupação, Mariza, então mãe de Evelyn, uma adolescente de quase 15 anos, e de Julie, com 7, estava no início da gestação. Eram gêmeos. O pai dos bebês não quis criá-los. Sozinha, Mariza foi em frente.

Ela morava com as filhas em Careiro Castanho, no interior do Amazonas, a 123 quilômetros de Manaus. Sua mãe e três de seus irmãos mais velhos também moravam na cidade. Só uma irmã, a Mayra, vivia na capital manauara.

Em julho, quando Mariza estava nos últimos meses de gravidez, Mayra orientou a irmã a morar com ela em Manaus. Naquela altura, o vírus já estava espalhado por todos os estados do país e, como era enfermeira, a Covid-19 já fazia parte do dia a dia de Mayra. Trabalhando na maternidade, os médicos já sabiam que a doença poderia ser grave em gestantes. No caso de Mariza, o risco era maior, porque além de ser uma gravidez de gêmeos, que sempre implica maiores riscos, ela tinha sobrepeso e outros problemas de saúde.

Divulgado tempos depois, em janeiro de 2023, estudo do Observatório da Covid-19 da Fiocruz mostra que gestantes e puérperas sofreram mais as consequências da pandemia do que o restante da população. As grávidas tinham 337% mais chance de serem hospitalizadas do que os demais.

Mariza passou o restante da gravidez em Manaus, sob os cuidados da irmã. Por, até então, terem morado longe uma da outra e por serem completamente diferentes, as irmãs não tinham muita intimidade no começo. Mariza sempre foi muito alegre, gostava de passear, ir a festas e se divertir. Já Mayra se define como o contrário: é mais quieta, séria, na dela.

Mas as duas se aproximaram rápido. Mayra levava a irmã para fazer o pré-natal e acompanhou a gravidez toda de perto. Em outubro de 2020, Gabriel e Sophia nasceram, de parto cesárea, na Maternidade Balbina Mestrinho, a mesma em que Mayra trabalhava.

O primeiro contato dos gêmeos com a avó e as irmãs foi por meio da tela do celular, por videochamadas. Naquela época, o número de casos de Covid no Amazonas estava alto, e elas não arriscaram sair de casa e viajar para a capital. O encontro ocorreu pessoalmente só no final de novembro para início de dezembro, quando uma melhora súbita nos casos do estado encorajou a família. Mas, dali a poucos dias, o Amazonas viveria uma explosão de casos. E a família de Mariza não escapou:

— A Julie, a mais novinha, com 7 anos na época, voltou para o interior com a minha mãe. E a Evelyn ficou em Manaus para ajudar a cuidar dos gêmeos. Foi nesse período, final de dezembro e início de janeiro, que, em 15 dias, toda a minha família pegou Covid-19 – conta Mayra – Eu, minhas sobrinhas, tias, minha mãe, primas, Mariza e os bebês dela. Meu filho Pietro foi o último a pegar.

A primeira a sentir os sintomas foi Mayra, mas foram apenas reações leves, mesmo ainda não tendo acesso à vacina. Como era enfermeira, ela e os outros profissionais de saúde com quem trabalhava começaram a redobrar os cuidados na pandemia e a tomar Vitaminas C e D, para fortalecer a imunidade.

Só que a situação de Mariza era diferente. Se recuperando de um parto, a doença foi muito agressiva com ela. O corpo de uma mulher que teve bebê recentemente ainda está no processo de recuperação, inclusive do sistema imunológico. E isso leva tempo. Tempo que ela não teve.

Mariza deu entrada no hospital em 15 de janeiro, bem no momento em que o Amazonas vivia o colapso do seu sistema de saúde que assustou o Brasil inteiro: casos de Covid-19 em disparada, recorde no número de pacientes internados, unidades superlotadas, falta de vagas nas UTIs (Unidades de Terapia Intensiva) e, principalmente, falta de oxigênio nos hospitais.

Não foi a escassez de oxigênio que matou Mariza, mas pode ter sido a longa espera por um leito de UTI, que só veio em 22 de janeiro. Do dia 15 até o dia 22, ela ficou na enfermaria, no corredor, agonizando.

Mayra sempre ficou ao lado da irmã. Ligava para as filhas de Mariza por videochamada, na esperança de dar um ânimo para ela.

— A questão psicológica na Covid era muito importante, porque o que matava as pessoas era o descontrole emocional, o medo, a ansiedade. Então eu fazia videochamadas para ela se manter forte, para ela não desistir da vida dela – lembra Mayra.

Na internação, foram muitos momentos de dor, de não conseguir respirar e de querer desistir. Mariza até já sabia quando as pessoas

iriam morrer. Quase todos que entravam na enfermaria com ela morriam. Quando ela via uma pessoa se agitando, ela colocava seu fone de ouvido e a irmã colocava um biombo na frente, para que ela não visse aquilo.

Mayra tentava fortalecer o emocional da irmã, mas ela já não andava e tinha muito cansaço. A irmã cuidava dela, dava banho, limpava, tudo no próprio leito, para evitar que ela cansasse ainda mais. Mariza ficava

24 horas por dia no oxigênio. No momento em que foi transferida para a UTI, pediu para a irmã cuidar de seus filhos, porque ela não iria mais voltar. Pouco depois, teve uma parada cardíaca, foi intubada e não voltou mais. Morreu em 10 de fevereiro de 2021, aos 36 anos, com o pulmão quase totalmente comprometido.

Do convívio dos gêmeos com a mãe, desde que saíram da barriga até as videochamadas na enfermaria do hospital, foram praticamente três meses. Tempo insuficiente para lembrar ou para sentir a falta da mãe:

— O Gabriel, eu acho que ele sentiu – conta Mayra. Único filho homem, Mariza era muito apegada a ele. – Minha prima falou que na hora que a mãe dele faleceu, ele ficou sorrindo no colo dela. Ele apresentou um comportamento diferente, como se sentisse que ela estava partindo.

Até hoje, quando vê as fotos da mãe, beija, sorri e diz "mamãe". Ele sabe quem é a mãe porque Mayra sempre fala dela:

— Quando eles ficarem maiores, eu vou explicar a situação para eles de como tudo aconteceu, para que eles possam entender realmente como foi a vida dela. Eu vou falar da Mariza, tenho várias fotos dela, da gravidez, vídeos que eu postava no Instagram – Mayra recorda. — Eu acho que eles lembram do vínculo materno, eles devem sentir, mas eles não têm noção da história que eles passaram.

Para as filhas mais velhas, o luto foi mais difícil. Durante a internação da mãe, as meninas eram cuidadas por uma prima e por Pietro, o filho de Mayra, então com 12 anos. Elas perguntavam muito sobre como Mariza estava, mas, na verdade, não tinham noção da gravidade do caso. Jamais imaginariam que a mãe delas fosse morrer. Na verdade, ninguém pensou, nem mesmo Mayra. A ficha demorou a cair – mas caiu.

Quem sofreu muito foi Julie, a filha do meio, que era a mais apegada com a mãe. Por muito tempo, sonhava com ela e vivia chorando. Mudou radicalmente de jeito. Antes, era uma criança alegre. Agora tem alterações de comportamento, é agressiva e muito chorosa. Julie já tinha perdido o pai em 2019:

— Ela sempre fala pra gente "não tenho mais pai, não tenho mais mãe" – conta Mayra.

— Imagine, o que passa na cabeça de uma criança de só dez anos? Então, a gente precisa ter muita paciência e entender alguns comportamentos que a psicóloga acha que é uma forma de chamar atenção, que é uma resposta normal para o abalo psicológico que ela teve.

Claro que Evelyn, a filha mais velha, também ficou abalada com a morte da mãe. O pai dela, diferente do de Julie, não faleceu, mas tem pouco contato com a filha e mora em outra cidade.

— Foi até um erro nosso não ter dado tanta atenção para Evelyn, porque ela é uma adolescente e é uma fase muito difícil.

O luto pela mãe foi atropelado por outros tantos lutos na família. No mesmo período que Mariza faleceu, um tio e uma prima de Mayra também faleceram de Covid-19. Em 2020, havia sido um outro tio, e em 2021, ainda perderia mais um irmão, em abril.

A mãe de Mariza ficou depressiva e Mayra se mudou com as crianças para o interior, para ficar com ela. As meninas mais velhas voltaram a morar no lugar onde sempre tiveram convivência com a mãe. Então tudo ali na casa lembra a perda. Mas a vida teve que seguir. Mayra pediu a guarda dos gêmeos recém-nascidos, que o pai nunca quis cuidar. A guarda das meninas mais velhas ficou com a avó:

— Eu fiquei com os mais novos porque eu sempre cuidei deles, desde dentro da barriga. O pai das crianças nunca quis cuidar delas, aí eu pedi e ele foi lá no interior, no Fórum de Justiça, e passou a guarda das crianças mais novas para mim. A guarda das mais velhas ficou com a minha mãe. Ela, por ser idosa, não teria muita condição física e emocional de cuidar de dois bebês – explica Mayra – Aliás, ninguém de nós tinha, mas a gente teve que se superar assim para poder cuidar das crianças.

Além do apoio emocional, elas também enfrentaram dificuldades financeiras. Familiares e amigos se uniram para fazer uma arrecadação de fundos e até uma ONG (Organização Não Governamental) ajudou com doações de fraldas e leite. No período de cuidados com a irmã no hospital, Mayra praticamente parou de trabalhar:

— Foi um período financeiramente muito difícil para a família, porque eu que, basicamente, bancava. Então eu fiquei muito mal, até hoje eu sofro as consequências daquele período financeiro que precisei me endividar muito. E até hoje eu tô endividada por causa disso, porque eu tive que tirar dinheiro da onde não tinha para poder manter as crianças e manter ela – lamenta Mayra.

Com as doações e as entrevistas na época, os gêmeos de Mariza ficaram conhecidos.

Mas a história da família ganhou mesmo popularidade quando Mayra prestou seu depoimento na CPI (Comissão Parlamentar de Inquérito) da Pandemia, em Brasília, no dia 18 de outubro de 2021. Deputados conheceram os órfãos da pandemia na ocasião, como os filhos da irmã:

— Só em Manaus, nós temos mais de 80 órfãos da Covid. Só na minha família são quatro – disse a enfermeira na CPI. – O que está se fazendo por essas crianças e por essas famílias? – foi uma das frases de Mayra espalhadas pelos portais de notícias.

A CPI gerou repercussões, mas não encontrou culpados. Enquanto isso, mais de 700 mil brasileiros morreram de Covid, assim como Mariza, até o início de novembro de 2023.

Hoje, a família de Mayra está maior. Além de cuidar de Pietro e dos filhos da

— Só em Manaus, nós temos mais de 80 órfãos da Covid. Só na minha família são quatro — disse a enfermeira na CPI. — O que está se fazendo por essas crianças e por essas famílias?

irmã, ela também teve as suas gêmeas: Maria Clara e Maria Cecília, que hoje têm um ano e poucos meses.

Se Sophia e Gabriel, e agora também Maria Clara e Maria Cecília, não guardam lembranças de Mariza, com certeza a Mayra vai contar sobre a mãe rígida, mas sempre cuidadosa e zelosa que ela era com os filhos, e a mulher alegre, brincalhona, que ria alto e gostava de dançar, que alegrava qualquer ambiente.

— Até hoje fico imaginando se ela estivesse viva, ela com os gêmeos dela e eu com as minhas, né? Imagina como não ia ser! Uma bagunça só!

A CPI gerou repercussões, mas não encontrou culpados. Enquanto isso, mais de 700 mil brasileiros morreram de Covid, assim como Mariza, até o início de novembro de 2023.

CAPÍTULO 5

TRÊS MENINAS, O CORPO GELADO DA MÃE E O ABANDONO DO PAI

Quando a ambulância chegou ao apartamento da família em Jundiaí, no interior de São Paulo, no dia 24 de março de 2021, constatou que Mayara Cristina Cavallaro Rocha, 26 anos, já havia morrido há algumas horas. O corpo gelado amanheceu no mesmo local que as três filhas e o marido dormiam. Alguns vizinhos correram para auxiliar, nem que fosse tirar as crianças daquela triste e marcante cena. O laudo médico indicaria mais tarde que Mayara foi vítima de insuficiência respiratória.

O pai, Gerson Zafalon, 54 anos, lembra de ver o corpo da filha ali deitado em um colchão de solteiro no chão da casa, já sem as meninas por perto. Não entendia muito bem como uma jovem amada e querida pela família pudesse morrer de forma tão negligenciada. Largou os pensamentos um pouco de lado para cuidar de processos burocráticos para o enterro.

Três dias antes da fatalidade, ela deu entrada no hospital da cidade com Covid-19, muita falta de ar e o pedido médico para internação imediata. Mas dar os passos até aquele local já havia exigido uma operação de guerra para a jovem mãe, que não parecia disposta a aceitar ter de ficar na unidade de saúde e se afastar de suas tarefas.

Era preciso se ausentar do trabalho de segurança e encontrar alguém para ficar com as três meninas, uma delas de apenas

10 meses. Quem a poderia substituir com tanta gente à espera de que ela fizesse todas as engrenagens funcionar? A relação com o esposo era de muito conflito, conforme narra a família dela. Amigos relatam constantes queixas de Mayara sobre a forma como era tratada.

Sozinha no hospital, ela não hesitou em ignorar o pedido médico e voltar para casa mesmo com muita dificuldade para respirar. Por lá ficou, ao lado das meninas, até conseguir alcançar o último suspiro de ar. O pai não se conforma com o jeito que a filha passou seus últimos dias de vida. Ele conta que ela já não queria mais viver com o esposo:

— Ele deixou ela sozinha no hospital e foi ao posto de combustíveis lavar o carro. Ela falou para os médicos que ia conferir com o marido do lado de fora como ficariam as roupas das crianças e aproveitou para fugir dali. — conta Gerson.

A postura irritou a família, que cobrou o homem. Em um ataque de fúria, o genro teria então tentado jogar o carro contra Gerson e sua esposa, o que fez uma das meninas bater a cabeça e se machucar dentro do veículo:

— Depois dessa confusão toda, ele falou que nós iríamos chorar lágrimas de sangue a partir daquele dia. E foi o que aconteceu mesmo. Infelizmente, foram muitas lágrimas de sangue.

As amigas de Mayara entregaram aos pais, dias após o falecimento, muitas mensagens da jovem reclamando de problemas no casamento.

Violência, morte e abandono ganharam tristemente a infância das três pequenas meninas. Julia Gabrieli tem hoje 8 anos,

Valentina, 5, e Maria Luísa, 3. Apenas a mais nova era filha biológica do marido. Mas ele também registrou Valentina como sua filha, já que conheceu Mayara grávida da garota.

O avô tem receio de que Julia Gabrieli possa ter testemunhado cenas tristes entre o casal e até de que a mais velha tenha sido maltratada pelo padrasto. Mayara também não era filha biológica de Gerson. Quando conheceu a esposa Adriana, ela já era mãe de duas meninas, criadas sem a presença do pai. Mas Gerson não hesitou em cuidar de Mayara e da irmã como se fossem de seu sangue.

O dia da morte da mãe das meninas foi também o último dia das três com o pai. Após o enterro, Gerson conta que o homem sumiu por três dias, o que obrigou a família a pedir doações de roupas para conseguir abrigar as garotas. Quando voltou para a casa dos sogros, estava na presença de uma de suas irmãs, pronto para voltar ao Maranhão, com desejo de levar as três com ele:

— Mas minha esposa não deixou ele levar as meninas.

Desde então, Gerson e a mulher assumiram a criação das filhas de Mayara. Junto aos outros dois filhos adolescentes do casal, de 11 e 18 anos, elas se adaptaram a chamar os avós de pai e mãe.

O rearranjo familiar provocado pela Covid-19 trouxe diversas outras consequências. O lar que abrigava quatro pessoas passou então a contar com sete. O apartamento de dois quartos já não era suficiente para todos.

A família precisou procurar uma casa maior. A antiga residência passou a ser usada pela mãe como salão de cabeleireiro, uma chance de reforçar a renda. Gerson agradece ter muito trabalho em seu ofício como pedreiro. Ele sabe que é preciso suor para garantir o sustento da família grande.

O "pai-avô" conta que precisou recomeçar sua vida, que antes da morte de Mayara tinha um pouco mais de conforto para viagens e passeios. Mas ele também agradece as recompensas no sorriso das meninas. A menor

tinha apenas 10 meses quando a mãe morreu. Mayara se foi sem ter tempo de ver os primeiros passos da Maria Luísa:

— Ela é pequena, mas lembra até hoje de que eu estava do lado dela quando ela andou pela primeira vez. Consegue se recordar que eu disse que estaria do lado dela e que não precisava ter medo.

Quando as crianças perguntam pela mãe, Gerson usa a figura da estrela. Com a mamãe transformada em estrelinha, elas passam horas olhando para o céu e imaginando o que ela acharia do que ficou aqui pela Terra.

Antes de se conformar com os céus, a ausência da mãe não era muito bem compreendida. Valentina passou muitos dias no aguardo da mãe voltar e questionava os avós o porquê da demora da volta do trabalho:

— A menina achava que tinha sido abandonada pela mãe.

Mayara é lembrada todos os dias também pela Adriana, que gosta de ver vídeos da filha, chora e ainda se pergunta como ela pode ter partido dessa forma tão triste. O pai das crianças não passou para visitas, nem perguntou se estava tudo bem e tampouco enviou auxílio financeiro. Nunca existiram ligações nos aniversários ou ao menos um "oi" pelo WhatsApp. É como se a Covid-19

Quando as crianças perguntam pela mãe, Gerson usa a figura da estrela. Com a mamãe transformada em estrelinha, elas passam horas olhando para o céu e imaginando o que ela acharia do que ficou aqui pela Terra.

tivesse levado não só o corpo da mãe, mas o amor e a presença do pai também.

Na época em que Mayara teve a doença, Gerson e sua esposa também estavam acamados com Covid-19. Por ter diabetes, ele temia complicações da doença, mas conta que não esperava ver a filha jovem e saudável morrer pelo coronavírus:

— Para falar a verdade, eu nem acreditava que essa doença matava mesmo. Dizia por aí que era mentira. Mas quando a gente vê tantas pessoas morrerem, amigos próximos, familiares, começa a entender. Eu não conseguia nem me levantar quando tive a Covid-19. Até hoje tenho uma tosse que ninguém descobre o que é. Já minha esposa continua em tratamento com dor nos ossos.

— Para falar a verdade, eu nem acreditava que essa doença matava mesmo. Dizia por aí que era mentira. Mas quando a gente vê tantas pessoas morrerem, amigos próximos, familiares, começa a entender. Eu não conseguia nem me levantar quando tive Covid-19.

CAPÍTULO 6

TRÊS FILHOS QUE NÃO VIRAM OS PAIS VOLTAR

— Se eu pudesse, escreveria o livro da vida da minha filha – conta Valdicéia Souza, mãe de Julianna, com a certeza de quem não quer esquecer e se orgulha muito de tudo que viu.

Assim como muitos dos relatos deste livro aqui, esta é mais uma história sobre amor, união e carinho atravessada pela tragédia da Covid-19. Julianna Mara Santos Souza Farias, 38 anos, e o marido Ernandes Junior, 39, morreram com dias de diferença um do outro. No caso dela, apenas um mês após dar à luz ao terceiro filho do casal.

Antes da pandemia, os dois lutavam para entender as limitações neurológicas da filha do meio. Mas não deu tempo. A família de São Luís, capital do Maranhão, tem uma jovem escritora, que aos 9 anos parece ter ouvido os desejos da avó. Na escola, a sobrinha de Julianna escolheu a tia para ser tema de seu livro: "Eu quero falar do meu tio e da minha tia. A história deles é linda", disse após a proposta escolar.

A história começa com o casamento de Julianna, professora do ensino infantil, com Ernandes. Eles foram o primeiro – e muito provavelmente único – amor um do outro, e se casaram cedo, com 22 e 23 anos, respectivamente. Ela demorou a engravidar. Nessa espera, o casal passeava, se divertia e viajava muito.

Passados dez anos, veio a primeira filha, Maria Alice. Logo em seguida apareceu a Maria Cecília e, por fim, o caçula, Artur Ernandes, que nasceu durante a pandemia de Covid-19. Pandemia, aliás, que alterou a rotina da família e marca profundamente essa história.

Antes, o casal não se desgrudava das tias e avós das crianças, em finais de semana com muita festa e churrasco na casa de Valdicéia, ou Val, como é chamada.

A avó também ajudava a cuidar das netas. Era ela que ficava com Maria Cecília para que Julianna e Maria Alice fossem para a escola. As irmãs da professora, Vitórya e Lays, também auxiliavam a cuidar dos pequenos, sempre muito unidas.

Com a chegada da pandemia, a família teve que se afastar. Mas apenas fisicamente, porque ainda tinha muita chamada de vídeo e várias conversas para colocar em dia pelo celular. Julianna, que estava grávida, era muito cuidadosa:

— Ela foi uma mãe exemplar em relação aos cuidados com álcool em gel, máscara e isolamento – lembra Val.

Ernandes, que era engenheiro da Vale, começou a trabalhar de home office, e a família praticamente não saía de casa:

— Eles só iam ao supermercado fazer compras. Até aqui na minha casa pararam de vir.

No entanto, no momento mais crítico da Covid-19 no país, no início de 2021, o casal não escapou. Ernandes foi o primeiro a ter sintomas, mas a família achava que não era necessária muita preocupação, já que ele era um homem saudável e praticava esportes.

Em uma época em que a vacina ainda não estava disponível para toda a população, o marido de Julianna começou a tomar remédios que foram apontados como tratamento para a doença, como a cloroquina. Já em

2021, a Associação Médica Brasileira e outros órgãos de saúde afirmavam que esse medicamento não era eficaz contra a Covid-19, mas as informações que circulavam eram confusas, e o medo da população crescia junto ao número de mortes.

Ernandes tomou os remédios, mas continuou piorando. Julianna, que estava na reta final da gravidez, ficava no apartamento cuidando dele. “Vem pra cá, vem pra minha casa”, Val dizia para a filha. “Não, eu vou ficar cuidando dele e das crianças”, respondia Julianna.

No final de março, no mesmo dia em que Ernandes saiu para ser internado, Julianna foi ter o bebê. Ele saiu às 16h e foi para o hospital São Domingos, que estava lotado pelo avanço da Covid-19. Já Julianna foi para a maternidade com a mãe poucas horas depois, ao anoitecer. No planejamento inicial, Artur nasceria apenas no começo de abril. Mas como Julianna também estava doente, a médica preferiu adiantar o parto. A preocupação com a doença era grande, e Julianna ficou isolada no hospital.

Val foi a única a acompanhar o parto após muitos pedidos para a equipe médica. A cesariana foi rápida e Julianna foi para o quarto com o bebê em seguida. Não permitiram que a avó dormisse lá, então Val foi para casa e logo na manhã seguinte voltaria para a maternidade. O que ela não imaginaria é que aquele 25 de março de 2021 fosse o último dia que conseguiria conversar com a filha.

Quando Val retornou, Julianna estava sendo transferida para outro hospital, porque a maternidade não tinha equipamentos suficientes para cuidar de uma paciente com Covid-19. Arturzinho ficou por lá, na UTI neonatal, porque começou a se engasgar depois de mamar. A amamentação foi o único momento que ele teve com a mãe.

No outro hospital, Julianna ficou um mês internada e não podia receber visitas. Enquanto a filha era intubada, Val também sofria com a Covid-19. Foram 15 dias internada, com o pulmão comprometido. Quando conseguiu visitar Julianna, em 23 de abril, a filha estava em coma.

A doença foi muito dura com a professora. Durante a internação, ela passou por hemodiálise, os pontos de sua cesariana abriram e ela teve que ser pronada. Tudo era informado pela equipe médica, que fazia videochamadas com Val.

Durante esse um mês de internação da professora, as duas filhas ficaram com a avó paterna, enquanto Val e seu marido enfrentavam a Covid-19. Já Arturzinho, depois de sair da UTI neonatal, passou a ser cuidado pelos primos por parte de pai, que eram mais velhos. Eles tiraram fotos do primeiro “mesversário” do bebê, do jeito que Julianna tanto gostava e tinha feito com as outras filhas, para que ela visse quando voltasse para casa. Mas ela não retornou.

Julianna teve uma febre que não passava. Com os exames, os médicos detectaram que a doença também tinha afetado o sistema nervoso. Ela teve falência cerebral e, poucos dias depois, não resistiu. Em 25 de abril, quando Artur completou um mês de vida, sua mãe faleceu.

Um pouco antes, o marido, Ernandes, também havia morrido pela Covid-19. Foi em 7 de abril. Quando Val soube, a notícia veio como uma tragédia, porque era algo que ela não esperava:

— Eu chorava, porque como eu ia dizer para Julianna que o esposo dela tinha falecido? Eles eram muito agarrados um no outro, muito apaixonados. – Julianna nunca chegou a receber a notícia.

A família, que aguardava o retorno da mãe para cuidar dos filhos, se viu com uma responsabilidade grande, e até "desesperadora", nas palavras de Val, porque as crianças eram muito pequenas. Artur era um recém-nascido de um mês. A avó paterna, Val e a tia Vitórya passaram a cuidar dele. Hoje, o menino chama a tia de mãe:

— Eu deixei ele escolher como me chamar. Como a minha irmã ia trabalhar na escola, ela deixava a Maria Alice comigo, quando ela era bem bebezinha, aí ela começou a me chamar de mãe – lembra Vitórya. –, mas era a primeira vez que eu estava sendo tia, aí eu queria que ela me chamasse de tia. Eu fiquei com isso comigo e depois pensei "eu vou deixar o Artur escolher", e hoje ele me chama de mãe.

Mas o pequeno sabe que, além da mamãe Vitórya, também tem a mamãe Juju, que está no céu. A família revelou muitas fotos de Julianna e Ernandes. Elas ficam nas estantes, para as crianças sempre lembrarem que tiveram uma mãe e um pai. "Tua mãe tá onde?", perguntam para o menino, "no céu", ele responde.

A filha do meio, Maria Cecília, tinha dois anos quando os pais faleceram. Ela tem epilepsia refratária desde quando nasceu e sofre com convulsões. A menina faz tratamento neurológico, toma vários medicamentos por dia. Os pais, ainda vivos, tentavam buscar respostas para a síndrome dela, mas, até hoje, não há um diagnóstico fechado. Cecília vai fazer cinco anos, porém não fala nem anda e vive em uma cadeira especial:

— A gente sabe que, mesmo do jeitinho dela, sem poder se expressar como os outros, ela também sente falta dos pais – comenta Val.

Julianna conhecia a filha só pelo olhar. Ao pegar Maria Cecília na casa da avó, já chegava e dizia: "ô, mãe, ela quer tomar água". Val se dedica para a neta e teve que aprender tudo sobre ela. Até hoje lê muita coisa sobre a doença. Quando a menina tem crises, é preciso correr, e ela leva Cecília para as consultas regulares com uma neurologista.

Maria Alice, a mais velha, tinha completado 4 anos quando os pais morreram. Ela foi a que mais sentiu a perda, porque já entendia um pouco mais a situação, sabia que os pais tinham ido para o hospital e que, a qualquer momento, eles iriam voltar. Pelo menos, era o que a menina esperava. Quando o pai faleceu, ela foi ao enterro e, depois, começou a ir ao psicólogo. Começava a assimilar a ideia da morte quando a mãe também partiu.

Logo depois das perdas, a menina, sempre que passava em um restaurante, uma lanchonete ou no shopping, dizia: "Vó, aqui eu vinha com a minha mãe", e gostava de frequentar os lugares que ela costumava ir com os pais. Agora, com 7 anos, ela vê algo da mãe dela, como uma pulseira ou um brinco, e logo diz: "Vó, isso aqui é meu. Isso é da minha mãe, então é para mim".

Maria Alice é uma criança introspectiva, que não esboça facilmente seus sentimentos, mas a família sabe que ela sente falta dos pais. "Um dia eu encontro a minha mãe", ela costuma dizer. "Minha mãe tá vendo". "Sim, tua mãe tá vendo", responde a avó.

Vitórya também cuida da menina. Ela é a tia que tem como mãe. Em comemorações do Dia dos Pais e do Dia das Mães na escola, é Vitórya quem vai no lugar:

— A Maria Alice faz questão de participar, ela tem essa força. Por mais que a Julianna não esteja lá, sente orgulho de apresentar aquilo de alguma forma para a mãe. Então é lembrancinha, cartinha, tudo que ela faz – relata a avó. Hoje, as duas avós dividem a guarda dos netos e as crianças passam uma semana na casa de cada uma. No começo, foi difícil, porque as avós achavam que eles não iriam se adaptar, mas as coisas entraram na rotina. Hoje, eles sabem que têm duas casas:

— Eu fico feliz porque eles estão vivendo com a gente. E Deus vai confortando o coração deles, e o coração dos que perderam seus entes queridos, seus pais e suas mães, na pandemia – diz Val. — Se você tiver um lar que te acolhe, que te dê amor e carinho, tudo vai passar e vai ser mais tranquilo. Agora, se estiver no lugar que já perdeu o pai e a mãe e está em um ambiente que é só briga e desunião, aí a criança vai sentir mais. As crianças que são órfãs de pai e mãe de Covid-19 precisam ter amor, carinho e respeito. – E o amor não falta na casa da família Souza.

— Se você tiver um lar que te acolhe, que te dê amor e carinho, tudo vai passar e vai ser mais tranquilo. Agora, se estiver no lugar que já perdeu o pai e a mãe e está em um ambiente que é só briga e desunião, aí a criança vai sentir mais.

CAPÍTULO 7

TIA E AVÓ TENTAM SUBSTITUIR UM "PAI-MÃE"

A Nathacha tinha 10 anos quando precisou ir todos os dias ao hospital receber notícias do pai, internado com Covid-19. Enquanto esperava pelo boletim do médico e, quem sabe, alguma chamada de vídeo para os dois se falarem por mais uma vez, assistia aos caixões saindo do local, sempre acompanhados de muito choro. Um sinal angustiante de que estar ali não era nada esperançoso.

Wesley Lacerda da Silva, 31 anos, era uma espécie de “pai-mãe”. Desde os 6 anos da garota, optou por criá-la sozinho na cidade de Alvorada, região metropolitana de Porto Alegre, no Rio Grande do Sul. A mãe dela ficou em Santa Maria, a quase 300 quilômetros de distância dali, onde formou outra família e mantinha pouco contato com Nathacha.

A vida em Alvorada era boa antes de 12 de março de 2021, quando os dias corriam longe de caixões e saudades. Nathacha e Wesley dividiam a rotina da casa com as companheiras inseparáveis de sempre: a tia Tatiele e a avó Ceres.

De dia, pai e filha tinham tempo de rir de qualquer piada juntos. Wesley não se importava de passar por uma boa sessão de maquiagem, pintura de unhas e de cabelo. Botava ainda o look especial separado pela filha. Valia tudo por um sorriso bem gostoso da pequena. De noite, a cama era dividida entre pai, filha e uma trupe de ursinhos fofos. Mas a Nathacha gostava mesmo era de fazer o braço de pai de travesseiro. Ele tinha o dom de ficar uma noite toda ali dando suporte para a cabecinha tão preciosa da garota:

— Ele acordava com câimbra no braço, mas nem se importava - lembra Tatiele.

Depois de março de 2021, a cama quente e forrada de aconchego ficou fria e vazia. Não só a Nathacha perdeu seu principal pilar, mas a Tatiele teve menos motivos para sorrir sem o bom humor de Wesley sempre presente e a dona Ceres perdeu cor e vontade na vida com a ausência do filho.

Ele morreu após 12 dias de internação por Covid-19. Wesley fazia parte dos trabalhadores brasileiros que não tinham a chance de viver o isolamento por conta da pandemia.

Depois que todos na casa ficaram sem renda por conta do impacto social da doença, ele decidiu alugar um carro para ganhar a vida como motorista de aplicativo. Apesar da gravidade da doença, as condições sociais permitiram que poucos brasileiros realmente fizessem isolamento. Um estudo da FGV (Fundação Getulio Vargas) aponta que apenas 10% dos trabalhadores brasileiros tiveram a privilegiada opção do home office.

O trabalho como motorista de aplicativo era a chance que Wesley viu para pagar as contas, que continuavam chegando. Mas, com as ruas vazias, o fluxo de passageiros era apenas de gente que precisava ir ao pronto-socorro:

— Nós já tínhamos decidido não pegar mais esse tipo de viagem. – conta a irmã, que também dirigia o veículo para ajudar na renda –

Mas esse passageiro pediu o carro na rua de cima do hospital. Depois que desceu, falou para o meu irmão que estava com Covid-19 e era melhor ele também fazer o exame.

Os sinais da doença vieram poucos dias depois. O coronavírus derrubou em uma maca um homem saudável, sem doenças preexistentes, muito religioso e com uma filha que dependia dele e estava presente todos os dias na porta do hospital.

Não deu tempo de tomar a vacina, proteção que ele sonhava ser o primeiro da fila a receber quando chegasse. As doses começaram a ser aplicadas no país em janeiro de 2021, mas o calendário obedeceu a ordem de grupos prioritários, começando por idosos e pessoas com doenças preexistentes. Jovens como Wesley, de 31 anos, ficaram para o fim da fila por não serem considerados público de risco.

Enquanto lutava contra a doença, Wesley disse para a irmã que sabia que não voltaria para casa. Pediu que cuidasse da mãe deles e da filha. Dias depois, postou em sua rede social que Jesus se aproximava dele. Foi entubado em uma manhã de desespero para conseguir falar com a família pela última vez. Mas não deu tempo de dizer adeus. A morte veio já durante a noite.

Tatiele conta que, assim como em todos os outros 12 dias de internação, foi com a sobrinha para a porta do hospital ao meio-dia ter notícias.

— O médico me chamou em particular para contar. Quando saí, a Nathacha já me viu chorando, não conseguia esconder. Minha mãe passou mal, precisou ser atendida pelas enfermeiras. Já ela ficou um tempo com uma cara assustada, de quem não entende o que está acontecendo. Mas logo em seguida desabou a chorar muito também.

A tia sabe que, depois desse choro doído, a sobrinha nunca mais foi a mesma e seu futuro ganhava outra cor, cheiro e gosto. A menina feliz que agora só chora. A boa aluna que não consegue mais ir bem nas provas. A porta do quarto fechada no isolamento. O caderno com dezenas de páginas rasgadas. E até frases soltas sobre o desejo de também estar morta:

— Ela mudou por completo. Chora e diz que tem vontade de sumir. Tem dificuldade de estudar. O grande período com aulas on-line ajudaram a piorar esses sentimentos todos – conta a tia.

Dois anos depois do falecimento de Wesley, Tatiele decidiu intensificar as visitas de Nathacha à psicóloga. Elas conseguem realizar o acompanhamento com a ajuda da Avico

(Associação de Vítimas e Familiares de Vítimas da Covid-19), entidade que ajudou tantas outras famílias desde o início da pandemia.

A agora adolescente, Nathacha ainda tem dificuldade de desapegar dos ursos de pelúcia, em especial daquele que dormia todas as noites com ela e o pai:

— Tem noite que ela vem dormir comigo e eu coloco meu braço para ela fazer de travesseiro, como fazia com ele. Mas logo ela dorme e eu já tiro porque fica dolorido.

Um mês após a morte de Wesley, Nathacha fez aniversário. Foi a vizinha quem lembrou de ao menos comprar um bolo. Apesar de toda a dor, ali ainda havia uma criança.

Tatiele, 39 anos, assumiu o posto de "pai-mãe" deixado pelo irmão. A Nathacha já nem corrige quando alguém na rua pergunta se a tia é sua mãe. Tatiele dá aulas de economia em uma faculdade da região e nem sabe muito bem se queria ser mãe. A dona Ceres recebe uma aposentadoria e o irmão deixou uma pensão, valores que ajudam a manter a escola particular da menina:

— Eu preciso ser o pilar, me manter forte. Mas tem dias que também tenho saudades, que choro. Penso que ele poderia estar aqui, me ajudando com essas coisas todas.

Wesley era mecânico antes da pandemia, assim como o pai, Elequias. O avô de Nathacha vive em Santa Maria. Fora a saudade e a visão que volta toda hora do filho ajudando na oficina, a pandemia continua a assombrar seus dias com dores na perna que vieram como sequela da doença que ele também acabou contraindo na época. "Se passaram dois anos e vocês não superam", costuma ouvir, de vez em quando, Tatiele. Mas será que dá mesmo para esquecer? Ou, ainda, a gente deve esquecer?

Para a professora, dói não ter conseguido realizar a despedida do irmão. Dói não ter podido escolher a roupa predileta para velar o corpo. Machuca a ausência desse corpo sendo chorado por uma última vez pela família e pelos amigos.

— A falta dessa despedida faz a gente ter a sensação de que ele vai voltar a qualquer momento. Parece que foi só uma viagem que trouxe essa ausência. Outro dia ligaram passando um trote na minha mãe, dizendo que o filho dela estava sequestrado. E ela já estava acreditando, queria falar com ele. É tudo muito dolorido.

A Tatiele, a Nathacha, a Ceres e o Elequias não querem e não vão esquecer nunca.

— A falta dessa despedida faz a gente ter a sensação de que ele vai voltar a qualquer momento. Parece que foi só uma viagem que trouxe essa ausência.

CAPÍTULO

8

MALABARISMO PELOS TRÊS FILHOS

O Kaiki Raimezonni de Oliveira, 31 anos, precisa de dois minutos para terminar de lavar a roupa antes de falar conosco ao telefone. É sábado de manhã e a lista de tarefas para organizar a casa no fim de semana é grande. Ele é pai solo de três crianças: Nicolas, 11 anos, Arthur, 6, e Clarice Antonella, de apenas 2.

A labuta diária começa cedinho. O programador de máquinas levanta para ir ao trabalho, a 25 quilômetros de distância de onde mora, em Jundiaí, interior de São Paulo, às 4h. Volta para casa às 15h, quando os filhos começam a chegar da escola. Entre banhos, preparo de comida, tarefas de casa e atenção para todos, já passam das 22h. Ele escuta a palavra "pai" o dia todo, como um mantra de atenção que ele precisa seguir para atender às demandas gerais. Parece difícil ter de cuidar de tudo sozinho. Mas o Kaiki já passou por tarefas bem mais árduas, como a de contar para três crianças que a mãe delas morreu bem no Dia das Mães.

Para a Clarice, havia pouco para se falar ou entender. A Lucivânia deu à luz no dia 22 de abril de 2021 e faleceu por conta da Covid-19 em 9 de maio, menos de um mês após o nascimento da filha mais nova. Conseguiram ficar juntas por apenas três dias devidamente registrados pelo Kaiki em fotos e vídeos:

— Tenho imagens dela amamentando a Clarice para um dia mostrar quando ela quiser conhecer a mãe. Foram poucos dias, mas com muitas recordações que guardo com carinho.

A Lucivânia faz parte de um triste número da pandemia: a de gestantes e puérperas (mulheres nos 90 dias após o parto) arrancadas de seus sonhos de maternidade. A Covid-19 foi especialmente cruel com essas mulheres. No primeiro ano da pandemia, foram registradas 40% mais mortes de gestantes e puérperas. A chance de internação para elas em caso de Covid-19 foi 300% maior que os demais.

Além da ação do vírus, elas passaram a ter acesso reduzido ao pré-natal por conta da necessidade de isolamento no período. Os dados são da Fiocruz, instituto ligado ao governo federal que acompanhou a situação de perto em suas análises. Abril, o mês em

A Lucivânia faz parte de um triste número da pandemia: a de gestantes e puérperas (mulheres nos 90 dias após o parto) arrancadas de seus sonhos de maternidade. A Covid-19 foi especialmente cruel com essas mulheres. No primeiro ano da pandemia, foram registradas 40% mais mortes de gestantes e puérperas.

que a Lucivânia se contaminou, foi o mais mortal da pandemia no país, registrando até 3 mil mortes por dia e situação crítica nas unidades de saúde.

A vacina contra a doença ainda não estava disponível para a faixa etária da gestante, de apenas 27 anos. O marido conta que ela temia a Covid-19 e tomava todas as precauções possíveis. O medo tinha um motivo especial, além de proteger a filha que ainda estava na barriga. Ela havia perdido o pai há quase um ano por conta de complicações da doença. O sogro do Kaiki relutou em procurar um hospital quando começou a se sentir mal. Mas acabou intubado e morrendo após cerca de 20 dias de internação.

Faltando duas semanas para a cesárea agendada para o nascimento de Clarice, a Lucivânia tomou a vacina da gripe e acordou no dia seguinte com um leve resfriado, o que, de acordo com Kaiki, já havia ocorrido outras vezes em que ela foi imunizada com a vacina:

— Mas ela tinha muito cuidado. Resolveu ir ao pronto-socorro, onde o médico disse que poderia ser uma leve reação da vacina mesmo. Ele pediu o exame da Covid-19 por precaução, só que o resultado demorava até 10 dias naquela época. Então o parto ocorreu antes de sabermos se era o coronavírus, certeza que tivemos mais tarde.

A vinda de Clarice ao mundo não teve complicações naquele momento e mamãe e bebê passaram os três primeiros dias juntas no hospital. Mas a Lucivânia respirava com dificuldade e a médica optou por não dar alta:

— Esse foi meu primeiro baque, ter que voltar para casa apenas com a bebê. – conta Kaiki, bastante emocionado.

O quadro da dona de casa começou então a piorar. O marido precisou ir até o hospital acalmá-la quando deram a notícia que seria necessária a intubação. Mais tarde, o rim dela começou a falhar, houve infecção, trombose e, por fim, a notícia da morte.

O Kaiki não consegue se lembrar de muita coisa do dia em que recebeu a notícia. É como se as palavras da equipe médica viessem junto a um efeito tão devastador que causasse uma espécie de amnésia, dessas que o organismo produz para proteger o cérebro de impactos tão fortes como esse. O marido sabe que, horas antes da notícia do falecimento, foi chamado para uma despedida no leito do hospital, com a mulher inconsciente. Já no fim do dia, recebeu a missão mais triste de sua vida: contar aos filhos que a mãe não voltaria.

É como se as palavras da equipe médica viessem junto a um efeito tão devastador que causasse uma espécie de amnésia, dessas que o organismo produz para proteger o cérebro de impactos tão fortes como esse.

Ele chora muito ao pensar nessa cena, mesmo tendo poucos trechos dela na memória. Sabe que ele e os filhos choraram mais de milhares de lágrimas nesse Dia das Mães de 2021. Kaiki resolveu levar os dois ao velório para a última despedida, mesmo sendo muito pequenos.

A Clarice estava na casa da avó materna no tempo em que ele cuidava da internação da esposa, do trabalho e da rotina dos meninos. Mas o pai não pensou duas vezes em ir até a sogra para buscar a nova integrante da família. Pensar, na verdade, ele nem pensou direito mesmo:

— Todo mundo disse que eu era maluco, ficar com os dois meninos e uma recém-nascida. Mas maluco teria sido em separar nossa família. Queria que ela me tivesse realmente de referência de pai e sei que isso não aconteceria se ela fosse criada em outra casa.

E o Kaiki foi uma verdadeira fortaleza para as crianças. Largou o emprego e se dedicou exclusivamente a amparar os filhos. A história comoveu a comunidade, que se uniu em doações de centenas de fraldas, leite, roupas, dinheiro... A organização Mães que Abraçam, que se dedicou a ajudar famílias devastadas pela pandemia na região de Jundiaí, cuidou da reforma da casa onde viviam, que havia sido iniciada antes da doença de Lucivânia. Kaiki contou ainda com uma pensão após a morte da mulher, valor pequeno, mas que ajudava com as despesas das crianças, além dos bicos que conseguia realizar enquanto eles estavam na escola.

A necessidade de um emprego fixo para melhorar a renda começou a apertar depois de mais de um ano dedicado apenas ao lar. Conseguir encontrar uma vaga que se ajustasse com as tarefas de pai solo de três foi a parte mais difícil. Mas o Kaiki conseguiu um novo emprego no começo de 2023. E embarcou na cansativa rotina de acordar às 4h e dormir depois das 22h cheio de remorsos de ter de reduzir a atenção dada aos filhos: "Será que é suficiente?".

Ele não tem muito tempo para pensar nisso, apesar da frase ficar sempre ali espiando sua rotina. São muitas tarefas e obrigações, contas para pagar e horários para cumprir:

— Sabe que eu só paro mesmo quando vou tomar banho e aí me vem ela na cabeça e penso em como tudo poderia ter sido diferente. A verdade é que não deu tempo de viver o luto. E não tem um único dia em que não penso em como seria se ela estivesse aqui. Se eu parar para pensar mesmo, não sei como consegui passar por tudo que aconteceu nos últimos anos.

O Kaiki e a Lucivânia se conheceram bem jovens, ele com 18 e ela com 16, em uma relação que durou 12 anos. O sonho dela era a Clarice, a vinda de uma menina para a família. Por ser cabeleireira, ficava pensando em tudo que podia fazer no cabelo da pequena. Mas não deu muito tempo de viver esse sonho.

As crianças seguem falando da mãe no presente, como se ela ainda estivesse ali. O filho maior já assume as tarefas de casa em parceria com o pai e a menor vai explorando o mundo dentro de sua sanha em ser criança. Arthur, o do meio, é o que deixa Kaiki ainda se perguntando como interagir:

— A questão psicológica de pensar se estou dando atenção suficiente está me matando.

Ele conta que só há pouco tempo conseguiu tirar a aliança que simboliza seu casamento do dedo. Não entende como a mulher, saudável e cheia de planos, nunca mais voltou para casa:

— A cabeça fica bagunçada demais.

Mas ele precisa seguir com a rotina. É sábado, dia mais tranquilo para todas as atividades caóticas da semana. Os filhos já chamam no outro quarto. Quem sabe ainda dá tempo de algum passeio. Olhar para eles dá força. É preciso ter força. É preciso seguir.

CAPÍTULO 9

UM PAI QUE NÃO VIU O FILHO NASCER

Alessandro Miranda Faria da Borda morreu por causa da Covid-19 aos 43 anos, em 19 de junho de 2021. A data é marcante para Ângela, Álvaro e também para todo o país. Foi nesse dia que chegamos à marca de 500 mil mortos pela doença. Foram necessários 459 dias de pandemia para que alcançássemos meio milhão de vítimas. Em média, quase mil mortes por dia. Mas, no ápice da doença no país, em abril de 2021, a Covid-19 matou bem mais que isso: 3 mil todos os dias.

Quando o Alessandro morreu, em Curitiba, capital do Paraná, as autoridades sanitárias

Foram necessários 459 dias de pandemia para que alcançássemos meio milhão de vítimas. Em média, quase mil mortes por dia. Mas, no ápice da doença no país, em abril de 2021, a Covid-19 matou bem mais que isso: 3 mil todos os dias.

lutavam para acelerar a vacinação e frear o avanço de casos. Não deu tempo para o bancário receber a imunização. Em junho de 2021, quando ele viria a se infectar e morrer dias depois da internação, a mídia noticiava, além da marca de 500 mil, o nível de ocupação crítico dos leitos de UTI, o ritmo lento da vacinação e, apesar dos sinais contrários, a vontade do então presidente Jair Bolsonaro em derrubar a obrigatoriedade de máscaras de proteção em locais com aglomeração.

Mas o Alessandro era desses que se sentia mal em acompanhar o noticiário naquela época. Apesar do medo da doença, precauções e inseguranças que também o acometiam, tentava ainda manter a sanidade não ouvindo tudo que era noticiado. A companheira, Ângela Maria Marques Sanches, 44 anos, lembra que ele era extremamente ansioso e relutou em ir ao hospital quando os sintomas da Covid-19 se intensificaram. A ansiedade era inimiga inclusive do tratamento no hospital, quando a questão psicológica parecia também lutar contra o quadro clínico já complicado.

Meses antes de junho de 2021, o casal vivia um momento bastante especial e cheio de planos para o futuro, muito diferente daquele. A Ângela estava grávida.

Não era exatamente um bebê planejado, principalmente para ela. A bancária, também funcionária de um banco público na cidade, onde os dois se conheceram, já tinha uma filha de 20 anos. Naquele momento, a Ângela se especializava em uma nova área, a fisioterapia. Ela iniciava, antes da gravidez, um estágio em uma unidade de saúde, que precisou abandonar por conta do bebê. Mas, graças ao emprego, conseguiu se vacinar logo no início da campanha, por estar entre os profissionais da saúde. Seu sonho era ter uma profissão que lhe desse motivação, sem abandonar a estabilidade do trabalho público no banco, a quem muito é grata:

— Quem sabe, depois de me aposentar, poderia trabalhar em uma organização social para ajudar os outros.

Mas a vinda do Álvaro mudou os planos da Ângela. Ela engravidou no mês em que decidiu mudar de pílula anticoncepcional e quando já não tinha muita expectativa de que pudesse ter outra gestação após os 40 anos. Já o Alessandro parecia radiante com a novidade. Seria seu primeiro filho, logo ele, que gostava tanto de crianças. O novo papai acompanhava exames e também se dava bem com a outra filha da Ângela, a Ester.

Mas a Covid-19 impediu os planos da nova família e não permitiria esse encontro tão desejado entre pai e filho. A Ângela estava no quinto mês de gestação quando descobriu que teria de seguir sozinha com o Álvaro, nome escolhido pelo pai para homenagear o avô dele, pracinha de guerra.

Se os primeiros anos de vida de um bebê já são difíceis para quem tem rede de apoio e estrutura, imagina para uma mulher que mal pode vivenciar o luto de perder o companheiro e tem de seguir forte para criar uma criança sozinha. A solidão foi aprofundada por conflitos de família com os pais de Alessandro, brigas que levaram Ângela ao esgotamento psicológico no momento que mais precisava de apoio.

Apesar de se relacionarem desde 2019 e da gravidez assumida publicamente por ele, os

Se os primeiros anos de vida de um bebê já são difíceis para quem tem rede de apoio e estrutura, imagina para uma mulher que mal pode vivenciar o luto de perder o companheiro e tem de seguir forte para criar uma criança sozinha.

pais de Alessandro não aceitaram reconhecer a criança como herdeiro do filho morto. Fora os danos financeiros para a criança, que ainda aguarda pela pensão a que tem direito do pai, Ângela conta que os avós também optaram por manter distanciamento afetivo da criança, numa espécie de rejeição.

Ela afirma que a relação de Alessandro com a mãe já era problemática, e há três anos eles não se falavam direito. Logo após a morte do filho, a primeira atitude da família foi retirar todas as coisas de valor do imóvel. Lá se foram geladeira, fogão, televisão e muitos mais objetos. Ficaram apenas fotos e alguns dos quadros esculpidos em madeira por ele, atividade que exercia com muito talento nas horas vagas.

Na casa vazia de mobílias e da presença do companheiro, Ângela passou os últimos meses de gestação sob fortes cuidados médicos. Além dos riscos de uma cesariana em uma mulher mais velha, havia muito receio da vinda de uma depressão pós-parto em seu quadro. Mas ela havia se fortalecido com muita coragem para enfrentar esse momento, que acabou ocorrendo sem problemas. O primeiro conflito com a avó paterna do Álvaro veio logo após o nascimento, com o pedido de Ângela para que as visitas ocorressem após 45 dias.

— Nós estávamos ainda em meio à pandemia. Mas ela não entendeu esse pedido para esperar. Disse que não conheceria o neto nem em 45 dias, nem em 45 anos.

Antes do nascimento, eles condicionaram reconhecer a paternidade do Álvaro apenas se eu abrisse mão de 50% dos bens em favor da irmã do Alessandro. Mas eu não poderia fazer isso com o que não era meu, e sim do meu filho. Fui acusada de gananciosa por lutar pelos direitos de alguém que ainda nem existia, nas palavras deles. Eram sempre atitudes de rejeição ao Álvaro.

Meses depois, após pedidos para que ela e o bebê deixassem o imóvel, a família de Alessandro fez uma visita surpresa ao local. O episódio é marcante para a Ângela, que ficou traumatizada pela violência da ocasião. Os avós teriam entrado à força no local e tentado tomar o bebê sem o consentimento da mãe, cenas que contaram, inclusive, com agressões físicas contra Ângela, e Álvaro quase derrubado do colo pelos puxões da avó:

— Fiquei com vários gatilhos emocionais, precisei fazer terapia. Oscilo muito, nunca mais vou ser a mesma pessoa de antes.

Com medo de novas investidas dos familiares de Alessandro no local, ela se mudou para um apartamento que havia conseguido financiar com recursos próprios antes da gravidez, em outra região. E foi nesse apartamento que Ângela passou dois longos anos como a única responsável pela criação do filho.

Período que ela se lembra de ter se alimentado muito mal e ter contado com a preciosa ajuda de doações de roupas e leite

para o bebê. A pandemia levou o pai de seu filho e deixou como herança a solidão de se criar um bebê sozinha e uma família problemática para lidar.

— Tenho momentos muito ruins de nervosismo. Às vezes, estou tão cansada que penso que o Álvaro podia não existir. São sentimentos muito ruins. Ele parece muito com o pai. E o Alessandro sempre me visita em sonhos. Nós conversamos e ele sempre parece estar bem. Me revolta ter de fazer tudo sozinha. Vinte dias depois que ele morreu, liberaram a vacina para a idade dele. Podia ter dado tempo dele se imunizar!

A situação financeira, ela resume como um cobertor curto, em que muitas vezes precisa contar até os últimos centavos para dar certo. A casa está, desde a mudança, vazia, com poucos móveis, quase tudo feito no chão. Apenas alguns quartos têm pontos de luz, na tentativa de economizar com energia elétrica. O local é de difícil acesso para mercados, padarias e demais serviços. A Ângela enfrenta dois processos judiciais, um para reconhecimento de paternidade, para que enfim ela tenha acesso a uma pensão e bens deixados pelo companheiro, e outro em que a família a acusa de impedir contato com a criança:

— É curioso que são dois processos bem opostos. Um deles para reconhecerem a paternidade e outro em que pedem para ter contato com a criança.

As noites da Ângela são bastante longas. Ela acorda de hora em hora ainda por conta da agitação noturna do filho, que dorme com ela e se levanta muitas vezes gritando:

— Foram dois anos que não entendo como não enfartei de cansaço. Parecia que eu ia morrer em alguns momentos. Tive inflamação nas articulações de tanto levar ele no colo. Até hoje não consegui estabelecer uma rotina para conseguir cuidar de mim. Por só ter a mim, ele é muito apegado!

Ela não sabe muito bem como vai ser quando o filho perguntar pelo pai. Mas já decidiu que vai esperar os questionamentos do pequeno para falar mais sobre o Alessandro:

— Essa é uma questão que já conversei bastante na terapia, porque me sentia um pouco culpada pela ausência do pai. Mas já entendi que é uma questão entre os dois. Tenho alguns objetos e fotos para mostrar, quando ele quiser conhecer o pai. Meu receio é o contato com a família paterna, que um dia também deve acontecer.

Quando ela pensa em como poderia ter sido a vida, confessa ter medo de pensar como seria a relação com o parceiro. Isso porque, muitas vezes, o Alessandro tinha momentos de se isolar e falava bastante sobre a morte:

— Acho que ele tinha alguma questão psicológica que não foi tratada. Tinha momentos de euforia alternados com tristeza. Não sei como seria com a gente tendo que viver juntos, criar uma criança. Penso ainda em ter de ser obrigada a conviver com essa família tão problemática. Mas com certeza ele seria o braço que me falta para organizar muitas coisas do dia a dia.

Entre todas as vidas que poderiam ter sido, ela lamenta ter tido de abandonar o sonho de voltar a estudar:

— A vinda do Álvaro desmantelou essa expectativa. Perdi o interesse em muitas coisas. Tenho a sensação de que nada que eu faça mais vai ser bom. Penso sempre de forma negativa, me pergunto por que fazer.

A criança de 2 anos e meio segue saudável, ainda sem saber o que é ter um pai ou se perguntar o que aconteceu com o seu, levado pela pandemia no número 500 mil de mortes.

CAPÍTULO

10

O GERENTE DO CEMITÉRIO QUE DEIXOU DOIS FILHOS

Nem só de médicos e enfermeiros viveu a chamada linha de frente da pandemia, formada por aqueles profissionais que tiveram de trabalhar exaustivamente para atender às diversas demandas geradas pela Covid-19. Roberto Fante Neto, 43 anos, amparou e deu forças a centenas de famílias que chegavam à funerária onde trabalhava em Joinville, Santa Catarina, após perderem um ente para o vírus.

No auge da doença, foram tantos caixões, mas tantos, que a Associação dos

Fabricantes de Urnas declarou preocupação com a falta de material para atender a todos. Pensar em uma forma justa de adeus durante a pandemia foi uma tarefa quase impossível. Por conta dos riscos de contaminação, os velórios eram limitados a cerimônias bastante curtas, para poucas pessoas e com caixões fechados.

Em algumas cidades, como Bérgamo, ao norte da Itália, o setor funerário entrou em colapso e precisou da ajuda do exército para levar os corpos para cidades vizinhas. A sensação para muita gente que não conseguiu ver seu familiar pela última vez neste período é de que faltou o adeus nessa história. Pois o Beto trabalhou sem parar para que essa despedida rápida e não desejada não fosse ainda mais traumática em Joinville.

Mas, em 1º de agosto de 2021, a funerária precisou parar por alguns minutos para uma homenagem especial ao amigo e gerente do local, com direito a balões brancos e muito choro na área mais arejada da empresa:

— Nestes mais de 16 anos, aprendeu a amar a profissão. Muitas foram as famílias que ele acalentou com suas palavras de conforto, mas hoje é ele que nos deixa sem palavras e um vazio. Não há dor maior do que dizer adeus aos que amamos, pois perder alguém é aquela dor que dói na alma, dor que não passa, apenas é amenizada – escreveu a empresa em sua última homenagem.

O Beto foi um menino de origem humilde vindo da Grande São Paulo. Chegou já adulto ao Sul do país com disposição para construir uma vida melhor. Tinha vontade de fazer diferente. E passou a ter muitos motivos para acreditar que tudo isso era possível ao conhecer a Daniele Cristina.

Foram 17 anos de parceria que renderam ao casal o Enzo Henrique, hoje com 15 anos, e o Breno, 6. Falar da falta que o pai faz para os meninos é a parte mais difícil para a Dani nessa tragédia toda trazida pela pandemia.

Ela conta que o Beto sempre foi bastante presente. Ter o parceiro sorrindo pela casa e brincando com os meninos era o que ela chama de bênção. Era quase impossível para todos a seu redor imaginar que aquele homem sempre forte e saudável poderia perder a batalha para o coronavírus.

Em agosto de 2021, a faixa etária do Beto já havia se vacinado com a primeira dose da vacina e ele não hesitou em se proteger. Mas, em julho daquele ano, os cientistas já sabiam da existência de variantes mais contagiosas e mortais da doença em circulação por vários países, inclusive o Brasil, o que motivava a necessidade de doses de reforço:

— Todos em casa pegamos o vírus. Mas o Beto era muito forte, não imaginávamos que ficaria mal. A saturação dele foi baixando muito e achamos melhor procurar ajuda médica no hospital.

O caminho tortuoso do pai do Enzo e do

Breno contou com uma semana no quarto do hospital e outros 15 dias na UTI. A angústia dos dias aumentava com a constatação de que o Beto não evoluía aos tratamentos. Cada nova ligação do hospital era um momento de tensão em toda a casa. Até que uma delas soou com as piores notícias possíveis:

— Eles me disseram que já não tinham mais o que fazer por ele. Eu não conseguia acreditar que isso era possível, que nenhum outro tratamento funcionaria. O médico pediu que a gente se organizasse e chamasse a família para um último adeus porque o pulmão dele tinha morrido.

Os familiares vieram de várias cidades para se despedir do Beto. Não deu tempo dos filhos entrarem. A última a dizer adeus foi a Dani. Ela lembra que o marido tinha muita sede de viver, mas sempre dizia que não iria suportar ficar inválido em uma cama.

Com a partida repentina e precoce do Beto, a Dani sabia que precisaria reinventar rotinas e formas de se viver. Conseguiu se manter em um trabalho noturno no hospital. O que lhe garante tempo durante o dia para cuidar da casa e dos meninos. Mas pouco sobra para autocuidados simples como dormir bem. São apenas quatro horas de sono no dia a dia de uma mãe exausta.

— Eles me disseram que já não tinham mais o que fazer por ele. Eu não conseguia acreditar que isso era possível, que nenhum outro tratamento funcionaria. O médico pediu que a gente se organizasse e chamasse a família para um último adeus porque o pulmão dele tinha morrido.

O filho mais velho adotou o silêncio para viver o luto do pai. Num processo visto pela mãe como de alguém que se fechou diante dessa dor:

— Eu tento conversar, já pensei em levar ele na terapia. Nem abraço o Enzo aceita. Sempre diz que está tudo bem, que quer ficar quieto em casa. Fico com medo lá na frente de como tudo isso vai se manifestar para ele.

Na falta do pai, a Dani percebe que o filho se sente no papel de homem da casa e sempre protege e faz companhia ao irmão mais novo. Quando foi comunicado pela mãe da morte do Beto, o Enzo disse que já sabia. Ele conta que um homem veio em sonho contar que o pai não resistiria. E desde então já estava conformado com a partida.

Para o filho mais novo, a mãe conta que o pai é agora uma estrelinha. E às vezes ficam os dois olhando para o céu e o Breno fica feliz que o Beto está agora lá de cima observando o que eles fazem por ali. Mas é triste para o caçula que sua estrela não possa o acompanhar nas comemorações do Dia dos Pais na escola, como acontece com os outros colegas da turma. Agosto é ainda mais doloroso para a família por ser o mês da morte do Beto, esse pai que precisou emprestar sua luz para os céus tão cedo por conta da Covid-19.

Um casal de amigos da Dani foi quem ficou com a missão de contar para o Breno que seu parceiro de farra em casa havia partido desta dimensão. E a religião apareceu nesse momento, em um trecho da Bíblia que ela não se recorda muito bem, mas que falava sobre a morte.

Como explicar tudo isso para uma criança de 4 anos? De acordo com psicopedagogos, o entendimento real de que a pessoa não vai mais voltar só chega entre os 6 e 9 anos. Antes disso, a ausência parece reversível e as emoções acabam se aflorando mais em mudanças de comportamento. A Dani tenta usar outras figuras para explicar ao Breno que o pai não vem mais:

— Outro dia fomos para a chácara dos meus pais e ele perguntou onde estavam os cachorros que ele lembrava estar ali. Aproveitei para falar novamente sobre essa ausência que a morte causa.

Três meses após a Covid-19 ter levado o Beto, quem também foi vítima da doença foi a avó paterna dos meninos. Virgília, mãe do Roberto, entrou em estado de profunda tristeza após a morte do filho. Foi diagnosticada com uma infecção severa de urina negligenciada por muitos dias enquanto estava em casa.

Já internada na terapia intensiva, acabou contraindo Covid-19. Sua condição já frágil contribuiu para que morresse dias depois:

— Ela acabou se entregando demais depois da morte do Beto, teve uma espécie de depressão. Não suportou perder o filho.

Os meninos não tinham tanto contato com a Virgília. Mas ver a Covid-19 matando novamente tão perto assim é traumático da mesma forma.

Para o Breno, mais uma estrelinha que chega para ver todos nós aqui embaixo. A Dani tenta levar os dias sem deixar faltar nada para os meninos. Gosta de falar do Beto, relembrar o que ele fazia pela casa. Mas a dor é sempre presente:

— Uma vez vi o pequeno fazendo um desenho da nossa família junta, com o Beto, utilizando massinha no chão. Percebi que ele tinha lágrimas nos olhos. Dói saber que os meus filhos ficaram sem o pai. A família é a base e sinto que eles perdem muita coisa.

— Uma vez vi o pequeno fazendo um desenho da nossa família junta, com o Beto, utilizando massinha no chão. Percebi que ele tinha lágrimas nos olhos. Dói saber que os meus filhos ficaram sem o pai. A família é a base e sinto que eles perdem muita coisa.

CAPÍTULO

11

O RECOMEÇO DE MÃE E FILHO SOZINHOS

— Seu pai não volta mais para casa.

Bernardo, com 5 anos na época, estava acostumado a ver o pai, Leonardo Ribeiro Palmeira, 47 anos, ir aos hospitais de Cabo Frio, no Rio de Janeiro, para realizar hemodiálise. Ele tinha diabetes, condição que compromete o funcionamento dos rins. Mas, desta vez, o papai não voltaria.

A Flávia conta que o filho recebeu a notícia como quem já esperava por um desfecho ruim desta vez. Talvez porque entendia que a tensão em casa nos últimos dias era diferente. A mãe sentia que ali já morria também no Bernardo a criança extrovertida e alegre para dar espaço a uma criança fechada, desconfiada e que leva uma tristeza diferente no olhar.

Mas mesmo a Flávia até hoje não acredita na frase: "Seu pai não volta mais para casa". Assim como muitas das dolorosas despedidas das vítimas da Covid-19, ela não conseguiu dizer as últimas palavras nem velar o corpo do companheiro de uma jornada de 18 anos. Do homem que, bem mais que um marido, era um grande amigo:

— Vi aquela coroa de flores e o caixão fechado. Não acreditei que era ele ali dentro. Tenho até hoje a ilusão que ele está no hospital e vai voltar. Parece que a história não teve final. Até porque a Covid-19 arrancou ele à força da gente, não parece aquela coisa do ciclo da vida que se encerra.

— Vi aquela coroa de flores e o caixão fechado. Não acreditei que era ele ali dentro. Tenho até hoje a ilusão que ele está no hospital e vai voltar. Parece que a história não teve final. Até porque a Covid-19 arrancou ele à força da gente, não parece aquela coisa do ciclo da vida que se encerra.

A Flávia passa dias se culpando porque, diferentemente das outras vezes, não estava do lado do parceiro no hospital, no momento que mais precisou. Ela tenta recriar na cabeça como foram os últimos dias:

— Será que foi bem tratado? Ou negligenciaram ele porque já tinha uma comorbidade e preferiram tratar alguém com mais chances de se curar? Deixaram ele lá de lado?

Mas o Leo não volta desde o dia 18 de abril de 2021, depois de ter muita tosse e dar entrada com 50% dos pulmões comprometidos. Foram apenas dois dias de internação até seu falecimento, no dia 20 daquele mês. Sem a presença física do marido, Flávia e o filho tiveram de reaprender as formas de se amar alguém que não está ali, mas continua perto o tempo todo. Até o cachorro da família ficou doente de saudades durante o luto:

— Existiram momentos que me questionava se iria aguentar segurar a barra da casa. Parecia que todos morreríamos. É duro. Tem horas que me sinto muito esgotada, cansada, física e psicologicamente falando. O Leo dava uns berros com o Bernardo às vezes e aí ele parava. Eu não consigo agir com essa potência. Preciso ser dura, mas do meu jeito.

Um dia a Flávia precisou abraçar com força o Bernardo depois de uma crise de ansiedade, misturada com choro e a frase "Não aguento mais de saudades do papai".

As fotos na parede? O que fazer com tantas fotos do Leo? Ela pensou em tirar para poupar o filho de tantas lembranças, depois de flagrar o menino chorando ao ver um dos retratos. Mas a psicóloga sugeriu que o próprio Bernardo fosse consultado e ele surpreendeu:

— Não tira as fotos, mãe. Não quero esquecer do rosto do meu pai.

Mesmo que não fossem os retratos, o Leo já aparece sempre pela casa, é inesquecível. Volta naquela música no rádio, no prato de comida predileto, num jeito de ver as coisas ou numa brincadeira que ele adorava fazer.

O Bernardo quer saber se o pai, que era policial federal, já prendeu alguém. E a Flávia vai recriando na cabeça do menino, conforme ele cresce, o Leonardo que ela tão bem conhecia e precisou partir, assim, tão rápido para todo mundo. Além das demandas sentimentais e psicológicas, ela tenta recriar também a forma de administrar a casa e o dinheiro.

Ser "pãe" exigiu que ela passasse a se inteirar de tarefas que antes eram só dele. E por um ano ainda tentou segurar o padrão de vida de antes, mantendo o apartamento da família em um condomínio cheio de comodidades.

Mas, para isso, se viu afogada em dívidas e (re)aprendeu também a organizar o dinheiro da forma que podia e adotar um estilo de vida mais simples, porém, dentro da nova realidade sem o Leo.

O Bernardo observa a mãe com olhar de miniadulto. Tem perguntas e preocupações que talvez não sejam tão presentes na cabeça de outras crianças que não precisam vivenciar a presença da doença e da morte dentro de casa.

Quer saber se a mãe se sente bem, para onde vai, acompanhada de quem. Percebe os perrengues financeiros e se propõe a vender um brinquedo. Mas a mãe lembra que a maior preocupação dele deve ser, aos 8 anos, brincar e estudar.

Passados mais de dois anos, Flávia tenta também administrar a raiva. Porque o marido queria demais tomar a vacina contra a Covid-19. E ela chegou a Cabo Frio 15 dias depois de sua morte:

— Meu marido era muito ansioso. Ele sabia que era do grupo de risco e a Covid-19 era muito perigosa para ele. O Leo passava o dia inteiro assistindo ao noticiário. Mesmo a gente se cuidando muito, ele acabou pegando. Eu sinto muita raiva, porque ele ficava pensando nessa vacina, em como ela era importante para ele. Era tudo que ele queria naquele momento. E duas semanas depois de tudo que passamos e da morte dele, a vacina chegou para quem tinha comorbidade. Por 15 dias, ele podia ter se vacinado, estar protegido. Mas ficou a sensação, por tudo que o país passou naquela época, que ele teve o acesso negado a essa proteção.

Ela repete muitas vezes como aquele vírus é maldito e exterminou pessoas. Pede em orações e durante as meditações que essa raiva saia de seus pensamentos. Mas ainda há muita revolta e indignação dentro da Flávia.

O governo federal, que em 2020 estava sob a gestão de Jair Bolsonaro, foi acusado por entes públicos e privados de retardar a chegada da vacina contra a Covid-19 ao país. Bolsonaro se posicionou diversas vezes contra a vacinação obrigatória e chegou a dizer que a proteção poderia transformar quem toma em jacaré. O governo federal admitiu ter demorado dois meses para responder um e-mail com oferta de doses ao Brasil.

Em maio de 2021, em depoimento à CPI da Pandemia no Senado, o então diretor do Instituto Butantan, Dimas Covas, afirmou que o país poderia ter sido o primeiro do mundo a começar a vacinação contra a Covid-19. O instituto do governo de São Paulo ofereceu 60 milhões de doses em julho ao governo Bolsonaro, para entrega a partir de outubro. Mas as negociações foram paralisadas após falas contrárias do presidente.

Também em declaração para a CPI, o gerente-geral da farmacêutica Pfizer na América Latina, Carlos Murillo, disse que o Brasil rejeitou três ofertas de 70 milhões de doses da vacina, o que garantiria as primeiras doses já em dezembro de 2020.

A imunização teve início no Brasil apenas em 17 de janeiro. Os primeiros países começaram a aplicar as doses em dezembro, com a liderança do Reino Unido. Em maio de 2021, o epidemiologista Pedro Hallal, da Universidade

Federal de Pelotas (RS), calculou que 95 mil vidas seriam salvas com a antecipação em um mês da vacinação no Brasil.

Se as negociações para as vacinas não tivessem se arrastado por tantos meses, o Leo e tantos outros poderiam, talvez, ser hoje bem mais que retratos na parede de casa.

CAPÍTULO 12

A CULPA DOS QUE FICARAM

Toda tardinha, sempre que possível, a família Viganigo se reúne na casa rosa da esquina de Luiz e Valéria, lá em São Leopoldo, cidade da região metropolitana de Porto Alegre, para tomar chimarrão. Bebida típica do Rio Grande do Sul, o chiar da água e o preparo da erva nas cuias são momentos para rever os parentes e colocar a conversa em dia. Tudo é feito na garagem mesmo, que conta com uma cozinha. Aí é só fazer uma roda: junta cadeira, junta sofá, junta gente. Às vezes, são mais de 20 pessoas reunidas. A família é grande, a conversa é longa e o mate é amargo. Mas não tão amargo quanto a ausência de Sandra, uma das filhas do casal.

Sandra Viganigo Alves, professora, casou cedo, com apenas 19 anos, e logo teve duas filhas: Carol e Camila. Depois de muito tempo, quando as meninas já estavam crescidas, adotou duas crianças. Primeiro, Eduardo, e, dez anos depois, Giovana. O gesto de adotar acabou inspirando seus irmãos mais novos. Depois dela, Luís adotou dois filhos e Cíntia, quatro. Adriane, sua irmã 11 meses mais velha, não adotou, mas era sua principal cúmplice na juventude. Faziam tudo juntas e se entendiam só pelo olhar.

Como foi mãe muito jovem, Sandra sempre falou sobre o desejo de adotar e de ter mais filhos. Tanto que foi extremamente dedicada no cuidado das crianças e até se aposentou para ficar mais perto de Giovana, que é autista.

E, junto com os quatro filhos, as reuniões da família Viganigo eram intensas: churrasco todo final de semana, visita na casa dos pais às quartas-feiras, férias na casa de praia. Tudo sempre juntos: os pais, Sandra e seus três irmãos, seus filhos e depois os netos. Até que veio a Covid-19.

A família se cuidava como podia. Já próximo das eleições municipais, em novembro de 2020, Sandra alugou um apartamento em Florianópolis. "Tá louca? Não vai pra lá. Lá tá o foco da Covid, as pessoas não se cuidam", brigou Adriane. Mas ela foi. Em 15 de novembro, voltou para São Leopoldo para votar. Fez as pazes com a irmã, porque elas brigavam, mas se amavam, e voltou para Santa Catarina com as filhas, os netos e o marido.

O ponto aqui não é encontrar culpados. O fato é que a transmissão da doença ocorreu e, dois dias depois de voltar para Florianópolis, Sandra começou a se sentir mal. Nesse momento, ainda não existia vacina. A primeira pessoa do mundo a se imunizar contra a Covid só viria a ser vacinada dali a três semanas, mais precisamente em 8 de dezembro de 2020, no Reino Unido.

Naquela altura, os casos em Florianópolis estavam explodindo: só na cidade, foram registrados mais de 29 mil casos. Com febre, Sandra voltou para São Leopoldo e fez o teste, mas o resultado demorava a sair. "Ai, Adri, eu acho que estou com Covid", desabafou por mensagem depois de alguns dias. Ela estava tentando proteger a irmã da notícia.

Apesar dos hospitais superlotados, Sandra conseguiu tirar suas próprias radiografias, já que, além de pedagogia, tinha técnico em enfermagem. Ela enviava os resultados para a irmã mais nova, que é fisioterapeuta.

— Nossa, teu pulmão tá com muitas manchas – escreveu Cíntia.

— E o que eu vou fazer?

— Será que eu vou morrer? – Sandra escreveu para sua irmã.

A doença progrediu. Sandra não conseguia levantar um copo, e a água do banho doía ao bater no seu corpo. Entrou no hospital em uma sexta-feira, dia 4 de dezembro. No sábado, ela disse que estava bem e que, provavelmente, teria alta na segunda. No domingo, o pai dela completou 82 anos. As festas aconteciam na garagem, com todos distantes e com direito a máscara e muito álcool gel. Mas, naquele dia, o pai não quis comemoração: "Não, só quando a Sandra voltar". Mas a Sandra não voltou.

Na segunda-feira, Adriane ainda trocou mensagens com a irmã até que, perto das 19h, ela não respondeu mais:

— Eu ainda não consegui olhar as mensagens dela. Elas estão aqui – conta Adriane. – Eu fui a última pessoa a falar com ela, e ela me disse assim: "eu vou sair daqui, vou ficar bem e vou ouvir tudo que tu disser", porque eu briguei muito com ela quando ela foi para Florianópolis. Mas não me sinto culpada. Nossa relação de irmãs era assim. Guardo comigo suas últimas palavras: "Diga a todos que os amo muito".

Na terça, Sandra piorou e foi para a emergência, porque não tinha mais vaga na UTI. Apenas no primeiro ano de pandemia, 72,2 mil brasileiros morreram por Covid-19 sem acesso a um leito de terapia intensiva, segundo dados do Sistema de Informação de Vigilância Epidemiológica da Gripe.

Com esforço, a família conseguiu uma vaga de UTI para ela, mas já era tarde. Sandra

Apenas no primeiro ano de pandemia, 72,2 mil brasileiros morreram por Covid-19 sem acesso a um leito de terapia intensiva, segundo dados do Sistema de Informação de Vigilância Epidemiológica da Gripe.

faleceu na madrugada de quarta-feira, 9 de dezembro, aos 56 anos, na emergência, sem estar entubada. Como se não bastasse provocar a morte de milhares de pessoas, o vírus da Covid-19 conseguia ser ainda mais cruel ao isolar as pessoas e impedi-las de velarem seus entes queridos, para evitar novas contaminações.

Sandra não teve velório e não pode ser enterrada. Ela foi cremada, e Giovana, a caçula, ficou com a urna no seu quarto durante alguns meses. Enquanto os filhos mais velhos, que já tinham trabalho e os próprios filhos para cuidar, se afastaram um pouco da casa da avó por medo da doença, a mais nova, então com 14 anos, sofreu muito com a falta da mãe. Para além da idade, em que a adolescência já é complicada por si só, Giovana, ou Nana, como gosta de ser chamada, tinha que lidar com outras questões.

— Por conta do quadro de autismo, Giovana tem problemas de relacionamento. Eu sinto muita culpa de não conseguir cuidar dela – diz a tia da menina.

De jeito forte e que pode até incomodar, o relacionamento de Giovana com a família é feito de muitas brigas e discussões com as tias e com o pai:

— O pai dela também tem dificuldade, porque ela é muito brigona, brava. É uma situação bem complicada. E essa dor incomoda, porque eu me sinto culpada, muito culpada, de não poder ser um lugar de apoio, lugar de carinho, para filha da minha irmã, que eu sinto tanta falta e que se foi tão cedo, mas não consigo, não consigo. Fico revoltada. Às vezes eu nem durmo pensando nisso.

"Não adianta mais me trazer chocolate", diz Giovana sempre que está brava com a tia. Mas Adriane leva, elas fazem as pazes, e assim vai. Apesar das dificuldades, sempre que pode, a tia faz o que a menina precisa.

Desde a morte da mãe, Nana mora apenas com seu pai, Ubiratan, que cuida dela, mas dentro das suas limitações. De certa forma, ele assumiu o lugar de Sandra na família, toma café com os sogros, está sempre na casa deles. Ele é praticamente um dos irmãos Viganigo. Afinal, foram 37 anos casados com Sandra.

Ubiratan trabalha como Uber desde a pandemia. Ele trabalha pela manhã e pela noite. E, quando ele e a filha estão juntos, a relação é difícil. A verdade é que, desde que sua esposa partiu, Ubiratan se sente abandonado e desenvolveu um quadro depressivo. Ele mesmo diz que não tem vontade de viver. No status de seu WhatsApp, ainda está "Sandra, vou te amar para o resto da minha vida". O amor deles era muito intenso e viviam um para o outro. Na verdade, foram feitos um para o outro.

Luiz e Valéria também ficaram muito debilitados com a perda da filha Sandra e, em uma idade já avançada, com 85 e 86 anos, respectivamente, não conseguem cuidar da neta. Luiz teve um câncer em 2021 e precisou tirar um rim. Valéria avançou rápido na demência senil. O processo de perder a filha foi dolorido e ela se afastou da realidade.

Hoje, ela vive de jogar canastra com o marido e de comer um ovo cozido, um pão de queijo e uma xícara de chá todas as noites, preparado sempre com muito carinho por Luiz. Carinhosa, da maneira que pode, ela sempre diz: "Eu tenho quatro filhos. Uma tá lá no céu e os outros três estão aqui comigo, então eu tenho que ficar mais tempo aqui".

Apesar do jeito difícil de Nana, Sandra dava conta de cuidar da menina. Ela sempre foi impossível, mas a Sandra a conhecia. Não tem jeito, mãe é mãe:

— Ela era obediente com a minha irmã. Agora, com meu cunhado, não é a mesma coisa. Com a minha irmã, não teria isso, ela não iria deixar – conta Adriane. – Se a Giovana começava a fazer uma cena e minha irmã dizia "chegou", é chegou mesmo, sabe? Não à toa, Sandra era chamada de "nossa malvada preferida" na família, porque ela era prática e resolvia tudo do jeito dela.

E Nana sente falta da mãe, desde o dia a dia, ao perguntar sobre Sandra para a família, até as datas mais especiais, como no aniversário de 15 anos da menina. Enquanto muitas comemoravam em um baile de debutantes, com direito a vestidos, valsa e muita alegria, Giovana teve que passar o seu aniversário dentro de casa, ainda no isolamento, sem encontrar os parentes, e sentindo a perda recente da mãe. A família comprou a bicicleta que ela tanto queria e se reuniu, em frente a casa dela, para cantar parabéns. Sem abraços e sem contato, mas era o que se podia fazer.

O Natal de 2020 também foi assim. Tendo perdido Sandra há menos de duas semanas, cada um passou o feriado na própria casa. O pai, seu Luiz, não quis cozinhar, e os filhos levaram um pouco de comida para ele. Na casa de Adriane, a ceia foi servida nas próprias panelas. Não havia ânimo para comemorar.

Hoje, o atendimento da vida de Giovana é dividido: uma irmã cuida da escola, a outra da parte médica e o pai cuida dela:

— Mas isso não dá certo, porque ela fragmentou. A vida dela está fragmentada – lamenta Adriane.

E Giovana reclama de um, depois reclama do outro. Então, passou a não gostar de estudar, não ir para a escola, voltar mais cedo. Começou a andar muito mais tempo na rua depois da morte da mãe, porque sempre gostou de caminhar. Financeiramente, Nana está acolhida. Sua mãe deixou uma pensão e tinha um apartamento. Mas, emocionalmente, a situação é bem mais complexa:

— Se a minha irmã tivesse morrido e não tivesse deixado a filha dela mais nova, a Giovana, tão jovem, eu acho que a dor seria menor, porque a gente vê o tempo todo a falta da minha irmã naquela criança, que ficou sem mãe. Ela ficou sem amparo, e não aceita que ninguém faça alguma coisa para ela. É bem difícil isso tudo.

O tempo passou, a pandemia acabou, as pessoas não usam mais máscara. Sandra vai ser homenageada com o nome de uma rua em São Leopoldo, porque era uma professora muito querida na comunidade. Ela ganhou seu quinto netinho, que não chegou a conhecer. E Nana, em breve, vai se tornar maior de idade, sem a companhia da sua "malvada preferida".

CAPÍTULO 13

DUAS ADOLESCENTES SEM A MÃE

Mãe e filhas deitadas à tarde, vendo filme e comendo pipoca. A cena emociona Luísa, 18 anos. É um dos muitos momentos bons passados com a Eliane Pedroso Mendes, 48 anos, e retirados à força de seus dias de adolescente pela Covid-19:

— Acho que nunca vai passar essa dor. Foi muito rápido e traumático. É uma lembrança que volta todos os dias – conta (aos prantos).

Quando a mãe morreu, ela tinha apenas 16 anos e a irmã, Gabrieli, 17. A família alimentava muitos planos juntos. As meninas se organizavam para entrar na faculdade. A mais nova queria medicina. A Eliane estava próxima de, enfim, colocar de pé o empório onde voltaria a trabalhar. Mas, de repente, as portas todas se fecharam com a chegada da pandemia e os planos ficaram distantes.

O comércio até chegou a abrir ainda em 2020 por conta do grande desejo da Eliane, que tinha facilidade em lidar com o público. Mas a família temia pela saúde dela, diagnosticada naquele ano com diabetes. Com a chegada da Covid-19, ela corria riscos de se contaminar por conta da aproximação com o público. O negócio fechou em fevereiro de 2021, com a vinda de uma onda devastadora da doença. O Rogério conta que foi aí que a família realmente começou a temer o vírus:

— Somos de Uruguaiana, uma cidade pequena do Rio Grande do Sul. E víamos todos os dias pessoas próximas morrendo no início de 2021. Era desesperador.

A Covid-19, infelizmente, bateu na porta da família em 2 de abril, ápice das mortes pela doença no país. Algumas semanas antes, os primos da Luísa e da Gabrieli haviam se mudado para a casa deles com o objetivo de deixarem protegida a avó, com quem viviam antes. Mas ninguém sabe muito bem como a doença acabou entrando na residência.

A Eliane e a Gabrieli foram as que ficaram piores. A filha tinha muito vômito e enjoo, passava os dias mal. Já a mãe começou a apresentar dificuldade para respirar:

— Um dia olhamos e ela estava com a boca e as bochechas roxas. Foi aí que achamos melhor ir ao hospital – lembra a Luísa.

Entre 6 e 10 de abril, a Eliane ficou no quarto e chegou, inclusive, a se comunicar com as filhas.

Mas acabou sendo enviada para a UTI com a piora de seu quadro. Foram, em seguida, mais dez dias de angústias sempre que o telefone tocava. Era por ligações que o hospital informava o boletim médico.

Na madrugada do dia 20 de abril, a filha contou que o pai acordou gritando que Eliane havia morrido, assustando a todos da casa. Ele não se lembra muito bem do episódio, mas diz que ficou marcado pelo acontecimento:

— O sonho ocorreu praticamente na hora que ela nos deixava lá no hospital. O telefonema com a notícia veio pela manhã. Não sou supersticioso, mas o episódio mexeu muito comigo. Quando eles confirmaram a morte, entrei em parafuso. As duas meninas se aproximaram de mim e já entenderam o que tinha ocorrido. Foi o momento mais difícil. A partir dali, eu era o pai e a mãe delas.

O Rogério achava que não conseguiria seguir em frente e até hoje pede em orações forças até as filhas estarem bem encaminhadas. Não é fácil perder o que pai e filha chamam de um pedaço deles, a mulher que dava vida para a casa e era o ponto de apoio para todos.

O velório durou pouco. Foram duas horas com o caixão fechado. Para a Luísa, foi bom

não ter visto a mãe morta:

— Eu gosto de lembrar das coisas boas. Dela sorrindo, meiga e carinhosa. Da gente sempre juntas. Não queria ter a imagem dela no caixão.

A vida que se seguiu foi de reaprender. O Rogério teve de assumir tarefas na casa que desconhecia, como cozinhar e lavar roupas. Ele acredita que a Luísa foi a que mais sentiu a perda da mãe. Passou a ficar mais calada, fechada. O rendimento na escola caiu bastante e ela perdeu o foco da jovem que tinha como objetivo a medicina.

Recentemente, terminou um namoro e passou por uma forte depressão, em que precisou ser internada duas vezes:

— Tem coisas, como relação com namorados, por exemplo, que tenho de presumir. Mas sei que, se fosse a mãe, elas teriam mais diálogo para falar dessas coisas.

A certeza é a de que alguma coisa muito preciosa se quebrou na vida da família e nunca nada mais será igual:

— A gente precisou mudar de casa. Não conseguimos mais ficar naquele lugar sem ela. Ano que vem, são três anos, mas não deu para engrenar totalmente em uma nova rotina. A vida não é e nem será a mesma.

O Rogério fala muito em justiça e diz aguardar a punição dos governantes que contribuíram para o que ele e muitos outros chamam de genocídio:

— Sempre digo para as minhas filhas que não vou descansar até ver os culpados pagarem.

O principal descaso visto por ele foi o atraso na chegada da vacina. A Eliane não conseguiu ter acesso antes de morrer, em abril de 2021. Mas Rogério lembra que os depoimentos colhidos pela CPI da Pandemia, realizada pelo Senado, mostram que as doses poderiam ter começado a ser aplicadas em novembro de 2020. Entraves na negociação durante o governo Jair Bolsonaro impediram que isso ocorresse.

Alguns meses depois da morte de Eliane, o irmão de Rogério também precisou de internação e foi intubado por conta da Covid-19. Mas, diferentemente dela, ele havia recebido a primeira dose da vacina e sobreviveu:

— Tenho certeza de que teria sido diferente se ela também tivesse se vacinado.

Além do atraso na imunização, as famílias se ressentem do tratamento dado pelo ex-presidente à doença, com frases que minimizavam a pandemia ("É só uma gripezinha") e desestimularam a vacinação ("Não reclamem se depois [de tomar a dose] virarem jacaré").

O Rogério afirma confiar na justiça brasileira. Mesmo que isto não ocorra, ele tem fé que a justiça divina não vai falhar. A revolta com a condução da pandemia só não consegue ser mais forte que a saudade de todos na família do Rogério. Ele se apega nas filhas para continuar vivendo e já avisou:

— Se elas casarem e saírem de casa, eu vou junto, completa.

São Paulo, novembro de dois mil e vinte e quatro.